著作权合同登记号：图字 18-2023-118

图书在版编目（CIP）数据

物理魔法使马修. 12 /（日）甲本一绘著；集英社官方翻译组译. -- 长沙：湖南文艺出版社，2023.9
ISBN 978-7-5726-1355-5

Ⅰ. ①物… Ⅱ. ①甲… ②集… Ⅲ. ①漫画－连环画－日本－现代 Ⅳ. ①J238.2

中国国家版本馆 CIP 数据核字（2023）第 145346 号

上架建议：畅销·漫画

WULI MOFASHI MAXIU. 12
物理魔法使马修. 12

U0647261

绘 著 者：［日］甲本一
译　　者：集英社官方翻译组
出 版 人：陈新文
责任编辑：匡杨乐
监　　制：邢越超
策划编辑：韩　帅
特约编辑：尹　晶
版权支持：金　哲
营销支持：文刀刀　李美怡
封面设计：梁秋晨
出　　版：湖南文艺出版社
（长沙市雨花区东二环一段 508 号　邮编：410014）
网　　址：www.hnwy.net
印　　刷：北京中科印刷有限公司
经　　销：新华书店
开　　本：740 mm × 980 mm　1/32
字　　数：75 千字
印　　张：6
版　　次：2023 年 9 月第 1 版
印　　次：2023 年 9 月第 1 次印刷
书　　号：ISBN 978-7-5726-1355-5
定　　价：32.00 元

若有质量问题，请致电质量监督电话：010-59096394
团购电话：010-59320018

反击的狼烟升起!!

物理魔法使马修 MASHLE

冲突!!『神觉者』VS魔物军团!!

13 现已出版 发售预定!!

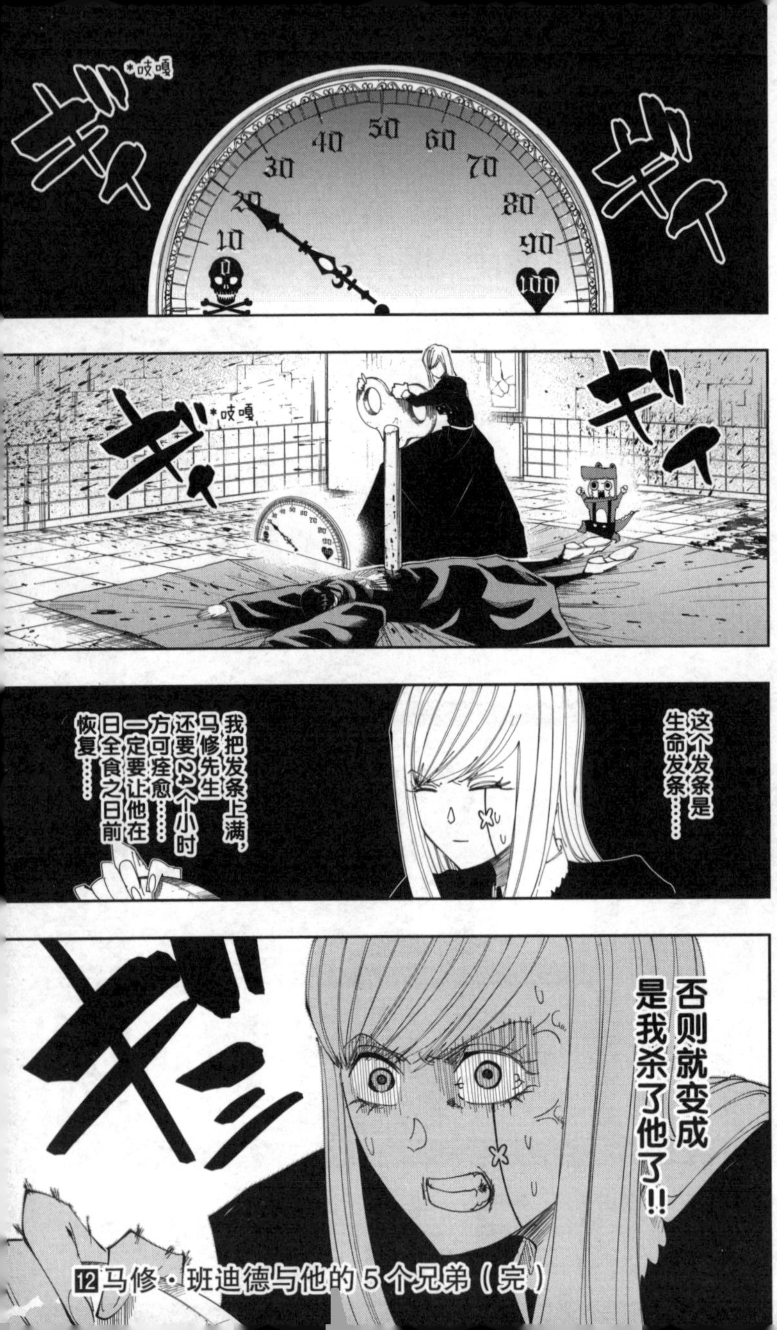
ギィ
ギィ
*吱嘎
ギィ
ギィ
*吱嘎
这个发条是生命发条……
我把发条上满，马修先生还要24个小时方可痊愈……一定要让他在日全食之日前恢复……
否则就变成是我杀了他了!!
⑫马修·班迪德与他的5个兄弟（完）

啊哇……
居然眨眼的工夫就把巨人给……
能死在本帅哥的手上，算你们三生有幸。
*邪笑
ニーイッ

？
墨镜？
戴上吧。
?!
我实在太耀眼了，
会闪瞎你们的眼睛。
?!
狡猾的
小家伙!!

保护市民的安全的同时，
与众多我的族人交手……
哼！
拿出
帅哥太受欢迎可是很辛苦的。

『神觉者』!!
莱欧·格兰茨!!
魔法界首屈一指的高手!!
莱欧大人!!
莱欧!!
他来了,我们就安全了!!
……这异乎寻常的欢呼声是从哪里传来的……
算了,那些都无所谓。『神觉者』哟……
你认为,就凭你,赢得了我们吗?

パァァァ
人类最高杰作

那个人
就是我。
……?
本帅哥的大名是莱欧·格兰茨。
是公认的——

?!
唰
什么？
欸？
有个在别人遇到危险的时候，
只要需要帮助，
就会赶来的男人……

死定了……
平时欺负人的人
这次要被人
欺负了……
人生就是
如此奇妙……
啊……
不对……
我也被那家伙
欺负过……
加油。
吵死了！
可恶！
不要小看我!!
呜呕呕呕呕呕!!

哥哥，救救我。
抓住
什么……跑这边来了……
放……
这里也有啊……人类。
还把巨人给引过来了……

魔法局警备队眨眼间就被干掉了……
我根本不是对手……
必须尽快逃离这里!!
呜哇——
呜哇——妈妈——!
妈妈——!!
?!
什么?!小孩子?!
……怎么办?!置之不理?
嗯,没错,就这么办!!因为我是人渣!!

动手！族人们‼
告诉他们谁才是这个世界的主宰‼
嘿，各位，还记得我吗？
我是那个被不会用魔法的蘑菇头揍得很惨的眉钉。
今天我也本打算来街上恐吓几个人玩玩的……
结果居然遇到了这种事……
巨人在胡乱破坏房子……好可怕……

吾乃巨人族族长，
多尔吉巴萨姆。
常饱尝人类带给我们的辛酸，但这种情况只会截止到今天。
我们要成为支配者！
包括『纯粹的根源』那些家伙，等这一战结束，
我就杀了他们。

你们是?!
这里交给我们吧。
魔法局警备队!!
纳尔克姆帕斯。

救命啊——!!
哇啊啊啊啊啊!!
呀啊!
救命!!
谁来救救我?!

MASHLE
7
物理魔法使马修
特别附录
波黎世家
魔法杖架
达特·巴雷特的
妄想约会
美肌男子的精致生活
晚上的好习惯魔法
帅哥的 1000 个
固定句式
每天 5 分钟 × 两周!
跟曼德拉草一起去旅游。
初春的抓拍
一直是黑色的 ?!
居然只穿魔法袍?
太不可思议了!
神推简单百搭的小物件 13
在魔法使的时尚单品中领带占 9 成!
最潮的领带清单
夏天的发型 × 夏天的领带搭配范本
莱欧·格兰茨 × Gocci
这个夏天用格子披肩来决胜负吧
帅哥祭
第 109 话 莱欧·格兰茨与邪恶巨人

角色人气投票结果发布 26位~ 第7—25位见148页

31位~159位

31位 シャルル・コンティーニ 229票／32位 マイク 186票／33位 ソフィナ・ブリビア 178票／34位 アオリオ・モレス 168票／35位 トム 165票／36位 ドミナ・ブローライブ 160票／37位 シュエン・ゲツク 152票／37位 ツララ・ヘイルストーン 152票／39位 甲本一先生 148票／40位 くしゃみコアラ 143票／41位 レヴィ・ローズクォーツの兄 142票／42位 無邪気な淵源 139票／43位 ウサ助 132票／44位 厚さ15ｃｍの檻を出した魔法使い 128票／45位 ウサオ 126票／46位 ウサ吉 125票／47位 カイセ・ツッコミー 112票／48位 アベル・ウォーカーの母 106票／49位 ウサぞう 105票／50位 ウサ山／指ギロチン 102票／52位 ブラッド・コールマン 98票／53位 トム・ノエルズ／アンサー・シンリ 97票／55位 ゴブリンシュークリームの店員 96票／56位 ガルフ 93票／57位 アダム・ジョブズ 92票／58位 アギト・タイロン 87票／59位 ウサ子 83票／60位 もぐらたたきのモグラ 76票／61位 モグラ 75票／62位 ドット・バレットのお姉ちゃん 73票／63位 オロル・アンドリュー 69票／64位 シルバ・アイアン 64票／65位 ウサ美 61票／66位 ロイド・キャベル 59票／67位 ユニコーン　58票／68位 ウサノシン／シュークリーム　55票／70位 クロード・ルッチ 52票／71位 ケイソクモ　51票／72位 キングルス／サトミ50票／74位 産婆 43票／75位 ウサ太郎／魔スイカ　40票／77位 ポン・トルス 39票／78位 第四魔牙 37票／79位 ダジャレのヴァルキス神覚者候補 35票／80位 マッシュ・バーンデッドに曲げられた硬貨 34票／81位 コウジ／テリー 32票／83位 ラーヴァ・アリシャ　30票／84位 マーガレット・マカロンにディップされたエビフライ 26票／85位 噂になってるぞの学生／実況の学生 22票／87位 先生　21票／88位 マッシュが台所で勝手に作ったシュークリーム 19票／89位 ローレン・キャバス　18票／90位 寄生魔法虫／マッシュ・バーンデッド 生後5か月 17票／92位 売店のおばちゃん 16票／93位 トロンボーンの学生　15票／94位 スフィンクス／チェロの学生／号外を配る人 14票／97位 甲本一先生がジャンプ本誌のコメント欄に書いている「!」13票／98位 課外授業の先生／ヌシヤマヌシオ 11票／100位 ジョン・ピエール／マーボル・エタン／死霊　10票／103位 ローデス・エイムス／虫使いのヴァルキス神覚者候補／アルベン・スミス 8票／106位 陰喰者 7票／107位 イガルト・ヴァンサム／1巻でマッシュが筋トレしているのを見て驚いてどんぐりを落としたリス／モア・トマト 6票／110位 巨大森サソリ／マッシュの前髪／オーターとぶつかった女の子／ゴブリンシュークリーム／鉄の杖／ドットくん赤ちゃん姿／マッシュが鉄の杖で作ったラケット／マリル(マッシュの筋肉の一部)／1話でマッシュが壊したドア 5票／119位 ホウキで勝負しろ、の学生／シッター・ベイビー／無邪気な淵源の仲間／報告してやる！の学生／魔雷虫／マッシュが食べてるシュークリーム／魔返しの鏡／浅井友輔／マッシュの杖 4票／128位 ルブラン・ラッセル／ドットのバンダナ／アギト・タイロンのドラゴン／イーストン校／マッシュのシュークリーム／金の級硬貨／カルパッチョの女神像 3票／135位 ファルマン・クレゴス／魔人族／有名な杖の店の店主／肉食昆虫／ワースとオーターのグラサン／デカイシュークリーム／レヴィの体の傷／カルド・ゲヘナの剣／マンドラゴラから作られるマッシュのシュークリーム／レヴィ・ローズクォーツの眼帯／レモンちゃんのリボン／MASHLEの世界観／「年間MVPのトム様よ!!」の女子生徒／アドラ寮／ランスくんのピアス土星っぽいところから二番目のやつ／うさぎのハンカチ／リスが持ってたドングリ／暴れキャンディ／マッシュがいつも食べてるシュークリーム／もっもっもっもっもっもっ／マッシュの偽アザ／セルが舐めた石／ランス・クラウンのピアス／マッシュが描いたうさぎの絵 2票／159位 ブレス・ミニスター／魔法占いの先生／森サソリ／ドルブ・マルクス／ネクロス・マンス／バブマッシュくんが使ったおしゃぶり／レモンちゃんに投げられた石／ドットきゅんの杖／92話でマッシュにけられた壁／赤ちゃんのランスくん／マカロンが出す楽譜／セル・ウォーの頭のやつ／くしゃみコアラのダーツの店主／アドラ寮の紋章／オーターさんの掛けている眼鏡／マッシュ・バーンデッドが落として割った水晶／マッシュが壊したドアの破片／陰喰者に影を食われたうさぎ／オルカ寮の紋章／1巻の表紙でマッシュが粉砕した杖／アベル様の抱いている母さん人形／マッシュが埋まったシュークリーム／マッシュが力技で変形させた鍋のネズミ／マッシュくんの右腕／集英社の机の引き出し／マッシュのダンベル／マッシュのハムストリングス／シャルル・コンティーニの母／マッシュの左手のリストバンド／マッシュの左大腿四頭筋／レグロ・バーンデッドをクビにした魔法使い／セル・ウォーのバナナみたいな髪／マッシュの持ってるシュークリーム／箒／ドゥエロのボール的なアレ／マッシュの指／カルド・ゲヘナのアザ／ドットきゅんの前髪／魔法道具 伝言ウサギ／カルドさんの大剣／甲本一先生の両親／シュークリームパーチー／シュークリームを作る時に着ていたフリフリエプロン／トムが立てた竹／始まりの杖／ランス・クラウンの2本のアザ／ランス・クラウンが使っていた包丁／ランスのペンダント／ランスの杖／ランスの親／カルパッチョ・ローヤンにやられたときにできたマッシュの傷／ジョン・ピエールのフォーク／イーストン校の壁／レアン寮の紋章／第2話クロード・ルッチ登場時に「次にくる魔法使い今年度7位に入ったあの!?」と言った受験生／レイン・エイムズの三本目のアザ／レインのサモンズ・アレスの魔法／いつものシュークリーム／すごく重い重り／レヴィ・ローズクォーツの前髪／レヴィの汗／ウォールバーグのめがね 1票

たくさんの投票ありがとうございました!!

39位
甲本一老师148票

※ 本排名摘自《周刊少年 JUMP》2022 年第 20 期。
因版面有限及片假名无法完全对应出外文原名，此处保留原版的写法。

终于要开始了吗？
ゴポ
ゴポ
这边也开始做准备吧……
ゴゴ
这个世界为了我而存在，
ゴゴ
ゴゴ
为了让我继续活下去而存在……

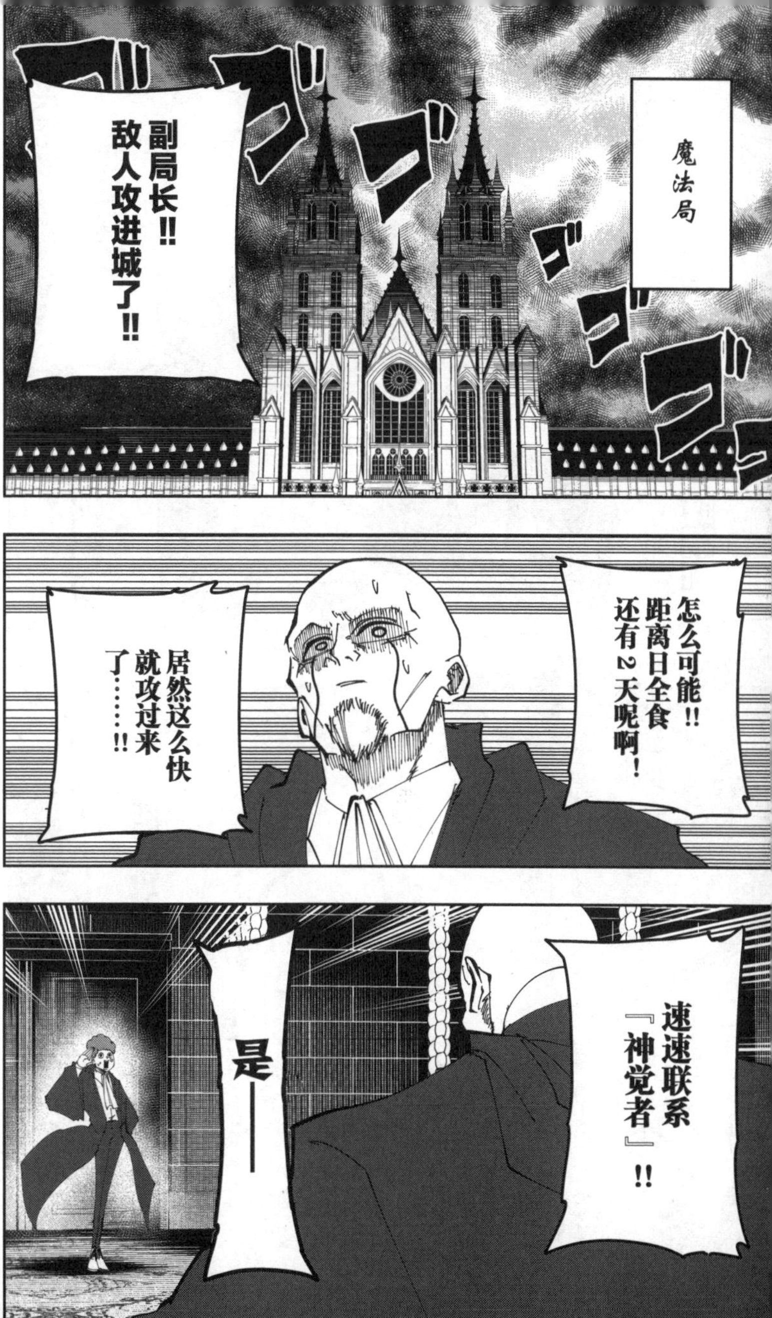
魔法局
副局长!!
敌人攻进城了!!
怎么可能!!距离日全食还有2天呢啊!
居然这么快就攻过来了……!!
速速联系『神觉者』!!
是——

呀啊啊啊!
来人啊!!
救命啊!!
呀啊!
敌人攻进来了!!

ドクドクドク
*血流如注
好重的伤……
这下糟糕了……
ドクドクドク
*血流如注
他的疲劳超乎我的想象。
就算我拥有超级魔法，也要花2天才能让他恢复……
ドクドクドク
*血流如注
要是敌人这个时候打过来，
可就麻烦了……

马修先生!!
马修先生!!
*啪咔啪咔
快醒醒!!
*啪
马修先生!!
*啪
马修
先生——!!!

居然真的一个月就……
远远超出了我的预料……
……
フッ
*呼
！
ビタ——ン
*直挺挺

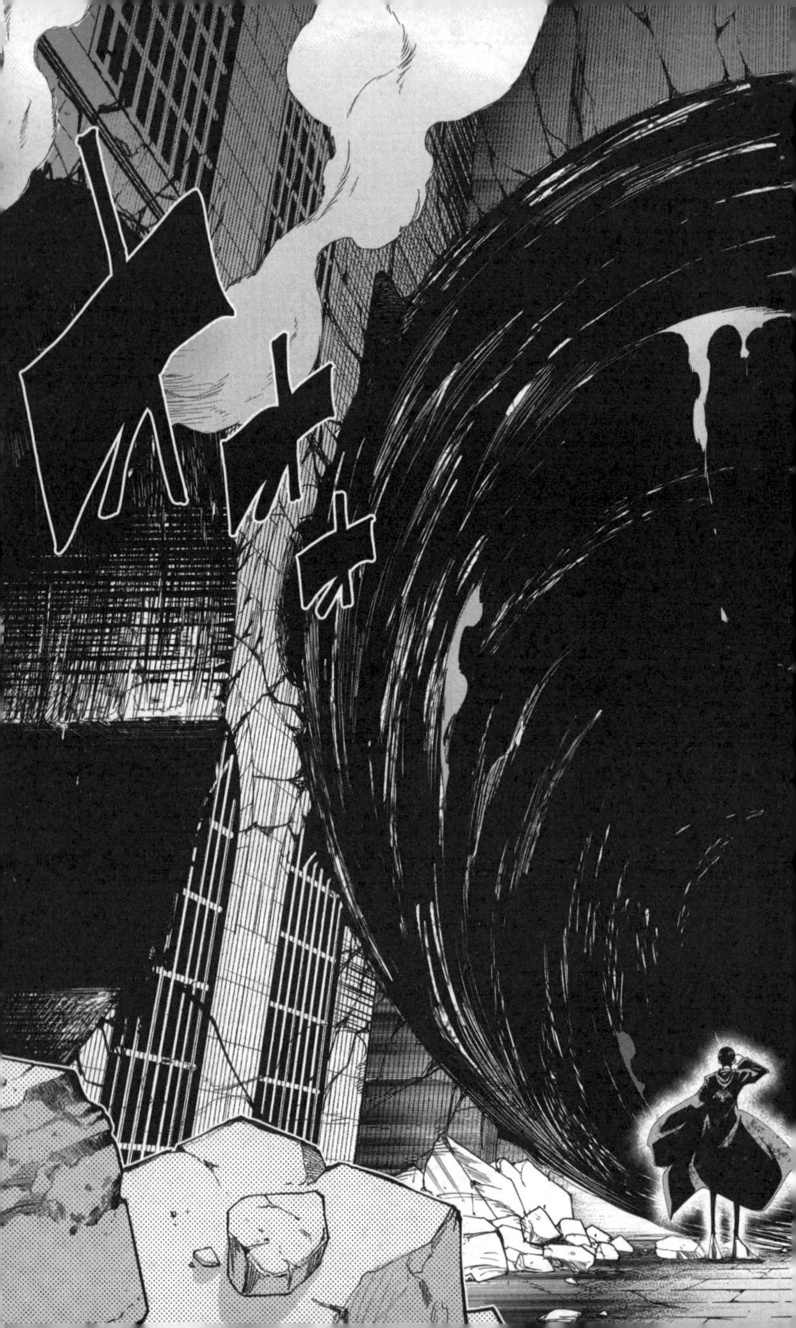

差不多就是这样了。

回家去，这里不是你该来的地方。
呼——
嗯——

你为什么会在这里……
哥哥……
……
我只是……想帮上大家……
……
你想帮别人？
你是在跟我说笑话吗？

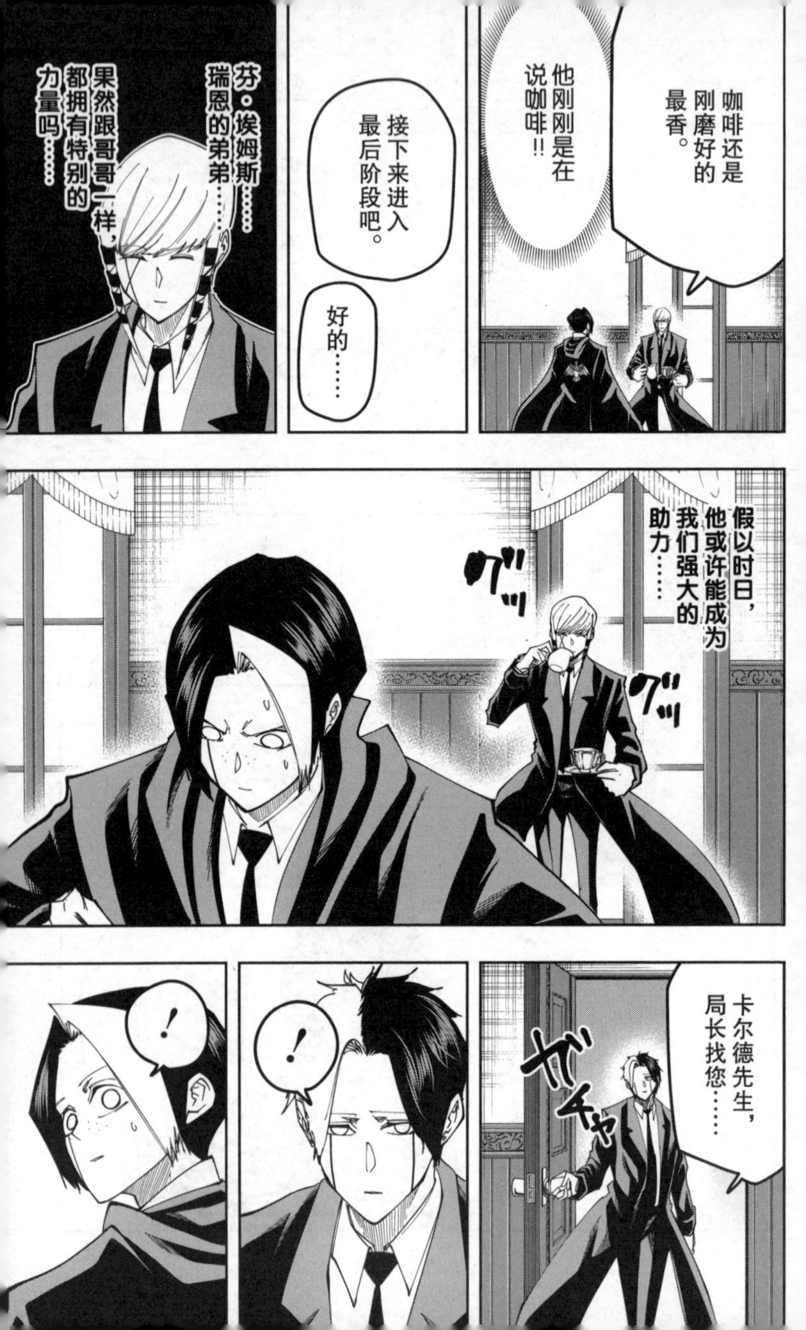
咖啡还是刚磨好的最香。
他刚刚是在说咖啡!!
接下来进入最后阶段吧。
好的……
芬・埃姆斯……瑞恩的弟弟……
果然跟哥哥一样，都拥有特别的力量吗……
假以时日，他或许能成为我们强大的助力……
グッ
グッ
卡尔德先生，局长找您……
ガチャ
!
!

没想到一个月你就有了这么大的进步。
谢谢夸奖。
你有这方面的才能。
トロー
トポポポ
你的固有魔法是交换物品的位置……
那你的这种能力就非常适合学习恢复魔法。
如果你能更加细致地替换细胞组织……
……
他好像在夸我……
……
可是注意力都被他在咖啡里放致死量糖浆的事吸引了，什么都听不进去。

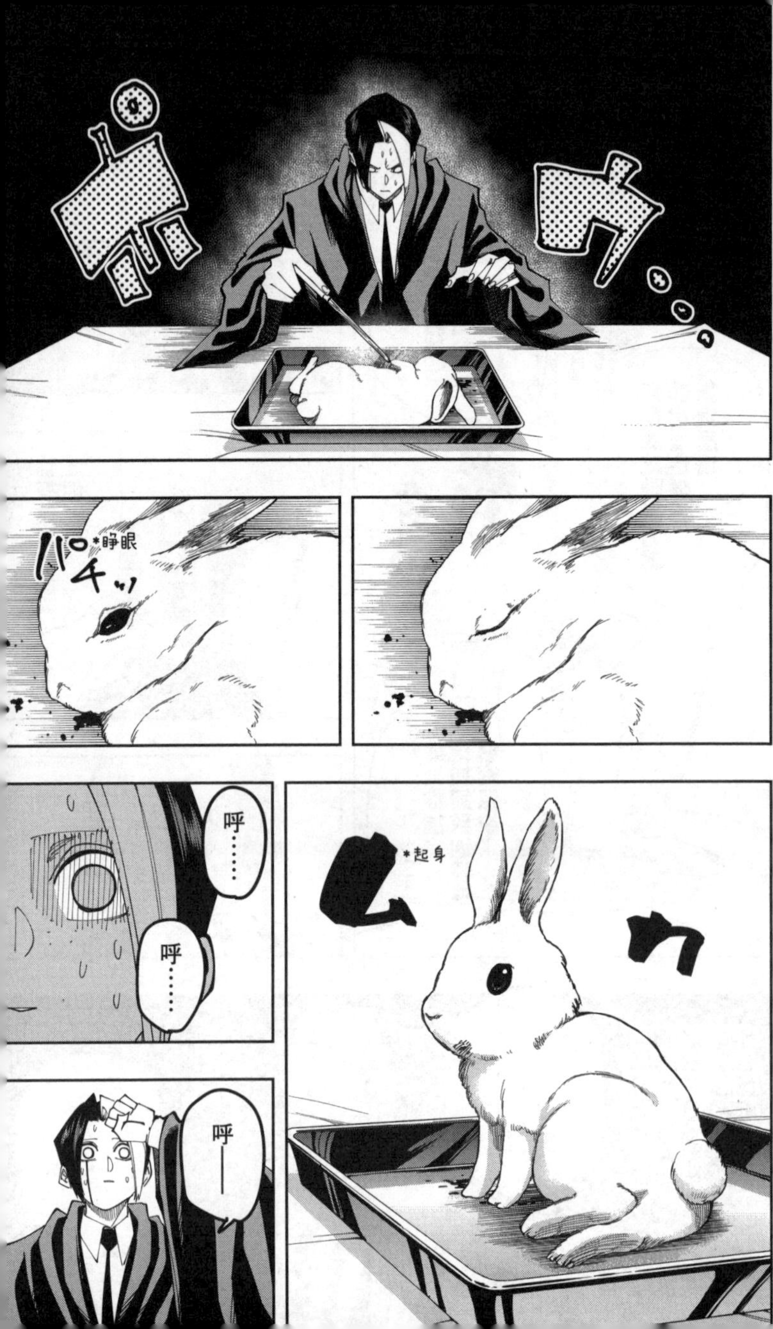

パチッ *睁眼
呼……
呼……
ムク *起身
呼——

前辈——
来一起吃饭吧。
我吃过了。
这样啊……谢谢你为我们准备吃的。还有，这段时间辛苦了，谢谢!!
虽然我觉得不该向你道谢，但这段时间的确受你照顾了。
……
随你们的便。

……
因为规则如此，
我只是贯彻执行……
社会既然如此，就必定有它的合理性，
但你身为规则的维护者，就不能掺杂任何感情吗……
总感觉你本性不坏，
只要坐下来一起吃顿饭，应该就能相互理解。
就在这里。
来一起吃吧——

放
还剩最后一项，
吃点东西恢复一下体力。
!
……
你为什么会如此仇视不会使用魔法的人……

虽然很不爽……
但修行的确很有效果……
呀啊！
没想到你这人还不错嘛。
*拍
等事情结束，我会亲手宰了你们。
别跟我套近乎。
呜嗯……

!
沙
稍微像样点了。
在四眼的指导下修行了一个月……
居然成长了这么多……

ハァハァ
*呼
ハァハァ
*呼
第108话
马修·班迪德等人与修行结束

连载 2 周年突破纪念!!

第一次 角色 人气投票结果发布!!

7位～25位!

总得票数 65,699票!!

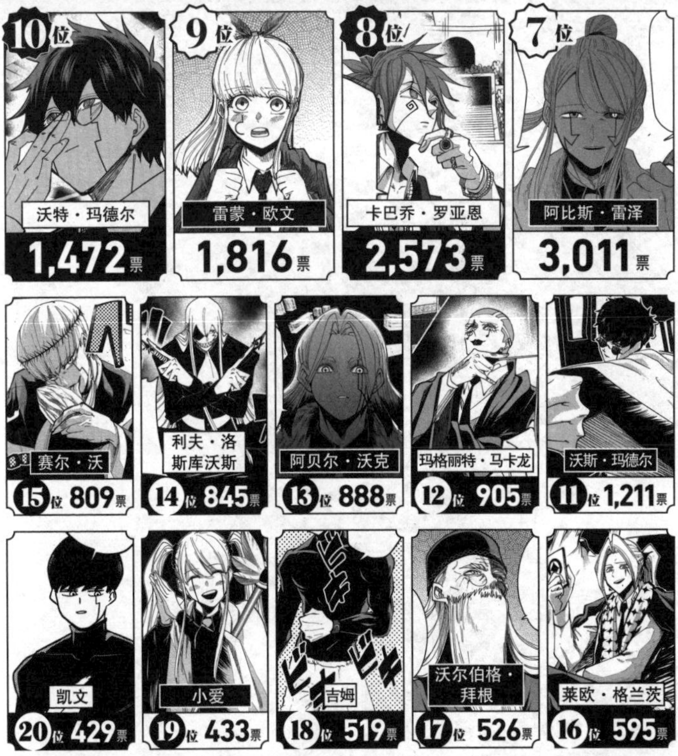

26位以后见168页!

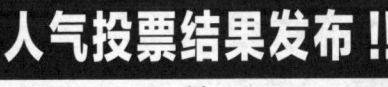

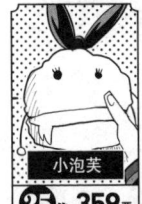

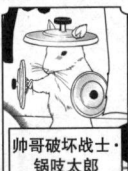

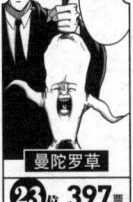

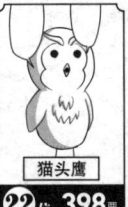

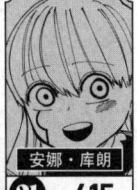

ゴゴゴゴ

这种天真的想法有多么致命吧。

那些家伙肯定在为日全食那天做准备吧。
就让他们知道知道——

就这样，每个人都在为接下来的大战做准备……
ビチビチ
ビチビチ
决战之日也渐渐逼近……
距离日全食还有3天……
应该来得及……

成长的速度果然惊人……
一般人要花1年，他只用了10天……
看来他是个奇才，这个人的话，或许能掌握那个
连我都没能领会的招式……
很好，那么第三阶段
！
就由我亲自
与你切磋切磋吧。
什么时候把衣服脱了……

这真的是魔法的修行吗……
你确定……
シュウウウ
ウウウ

トロ
呃，蜂蜜?!
パ
好吃。
……
那就……
モニュ
进入第二阶段吧。
モニュ

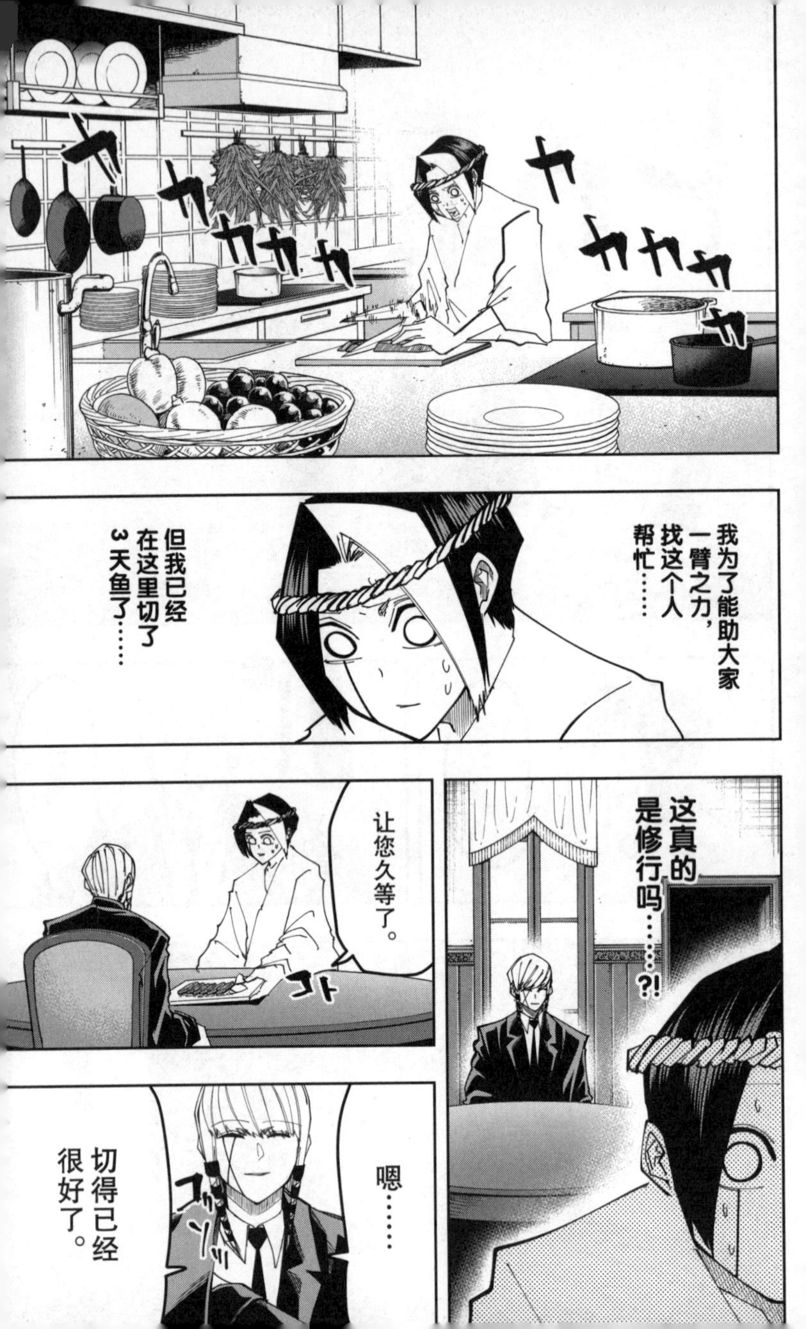
我为了能助大家一臂之力，找这个人帮忙……
但我已经在这里切了3天鱼了……
这真的是修行吗……?!
让您久等了。
嗯……
切得已经很好了。

还有4天，
进入下一个阶段吧。
欸?!
!

两个人开始合作了吗……
瓶子渐渐不会受到威胁了……
总之，我的这份决心不输任何人。
为了社会，为了人民，我会好好努力的!!
哼……

……
嘴上是痛快了，
可这么多……
我根本应付不了。
?!
我同意你的意见。
我不想成为别人的累赘。
我早就决定了，为了妹妹，豁出这条命又如何？

但是！
我这样的人说的话的确没什么分量……
我啊，
！
会拼了命不成为别人的累赘！
我要让你们觉得，万幸没有在这个时候舍弃我！
我这个人唯一有的就是骨气！
可恶，啊啊啊!!!

如果不接受这样的秩序，就必须强大，
而你，连强大的力量都没有。
软弱的家伙的语言不存在意义。
……
该死……
他说的话是不争的事实……
我太弱了，
我现在甚至连反驳的力气都没有。

他继续活着对将来有害无益，
要想让世界顺畅地运转下去，就需要做出少数牺牲。
这才是秩序，才是必须遵守的规则。
所以像你们这些只会碍事的少数就该被舍弃，
这么做也是为了大局着想。

还不如直接死在这里，省得给别人添麻烦。
你说什么?!
我在说客观事实，
并非出于个人好恶。
蘑菇头也一样。

ドドド
呀啊!!
ドドド
该死……
地方又窄，还必须时时刻刻将注意力集中在沙子和瓶子上……
虽说是沃尔伯格先生拜托我的……
但你们也太弱了，根本就是累赘。
！

*咕咚
ゴクゴク
*咕咚
ゴクゴク
呼——
哼……
プイ
*扭头
臭小子！

前情提要：
大家在各自修行。
第107话 马修·班迪德等人与为了变强而修行
该死……
才第三天。
试炼的要求是保护这3瓶水一周时间，结果那之后他马上又打碎了一瓶，
现在只剩下这最后一瓶了……
相较于我……

附录⑤

附录漫画（完）

我是觉得，如果大家不能像现在这样一起吃点心，
就太寂寞了。
……
那种话只是说出来好听而已……
距离敌人来袭还有 25 天!!

所以他非常感谢把自己养大的父亲。
包括后来交到的那些朋友，他也是对他们充满感激之心。
而且是从相遇开始……
大概是因为他不会魔法吧，所以他能更加强烈地感受到
来自他人的温暖……
更深知，那是多么宝贵的东西。

都已经
伤痕累累了，
为什么还要
这么努力……
一个小孩子
居然敢向
『纯粹的根源』
发起挑战，实在
太鲁莽了……
简直就是
自杀行为，
完全无法理解
他到底是怎么想的。
他是个
被抛弃的孩子。
！

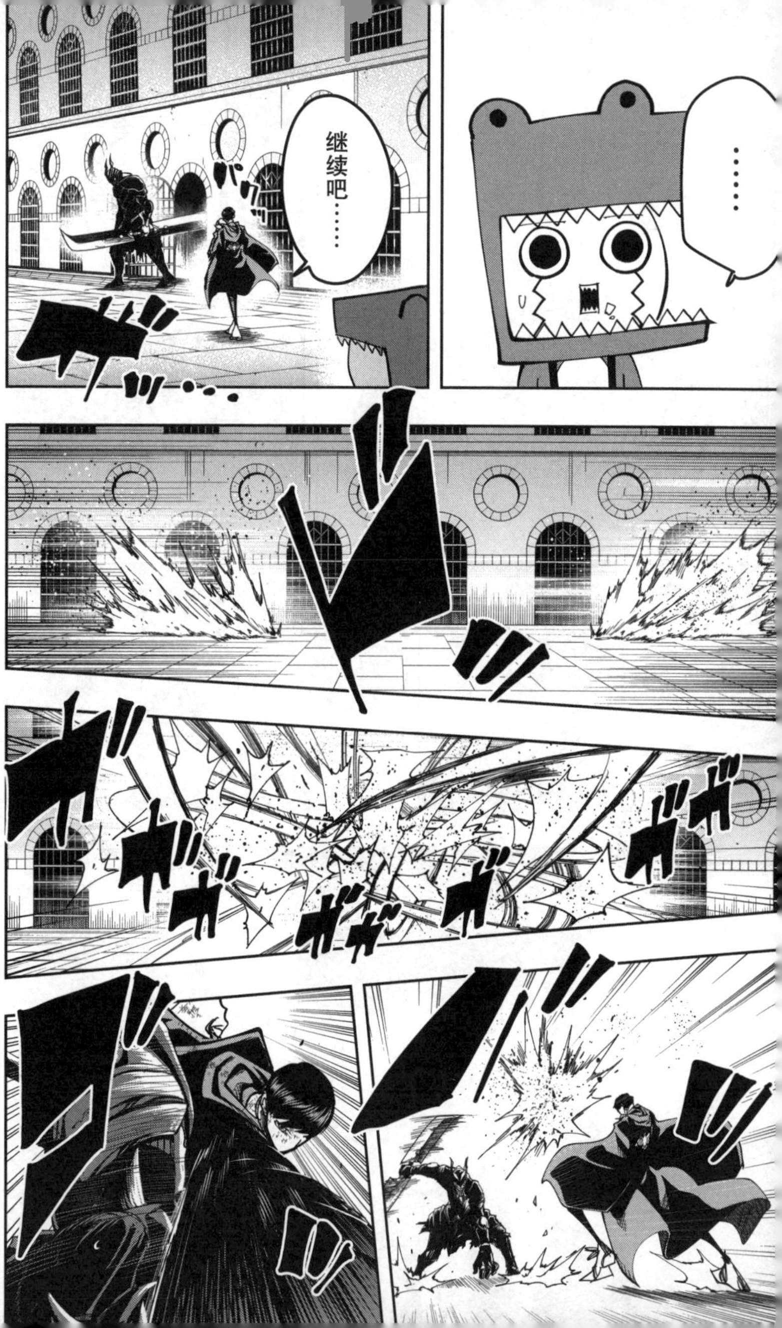
……
继续吧……

他虽然有天分，却是个人渣。
人渣?!
在我心里，金钱就是生命。
所以不要把我跟你们这些莽夫混为一谈。
这也是一种人生观……
是啊。
不过……
你想说什么？
我是觉得，如果大家不能像现在这样一起吃点心，
就太寂寞了。

就算
处于绝对劣势，
我们也决不能输。
没错。
……
不过只要
有我在，
就不会输。
不会输。
我很好奇，
你为什么会在
梅丽阿德尔小姐
手下修行？
我……
要打着
梅丽阿德尔小姐的
弟子的旗号，
到处去演讲，
出成功学的书，
开研讨会，
赚大钱！
是的……

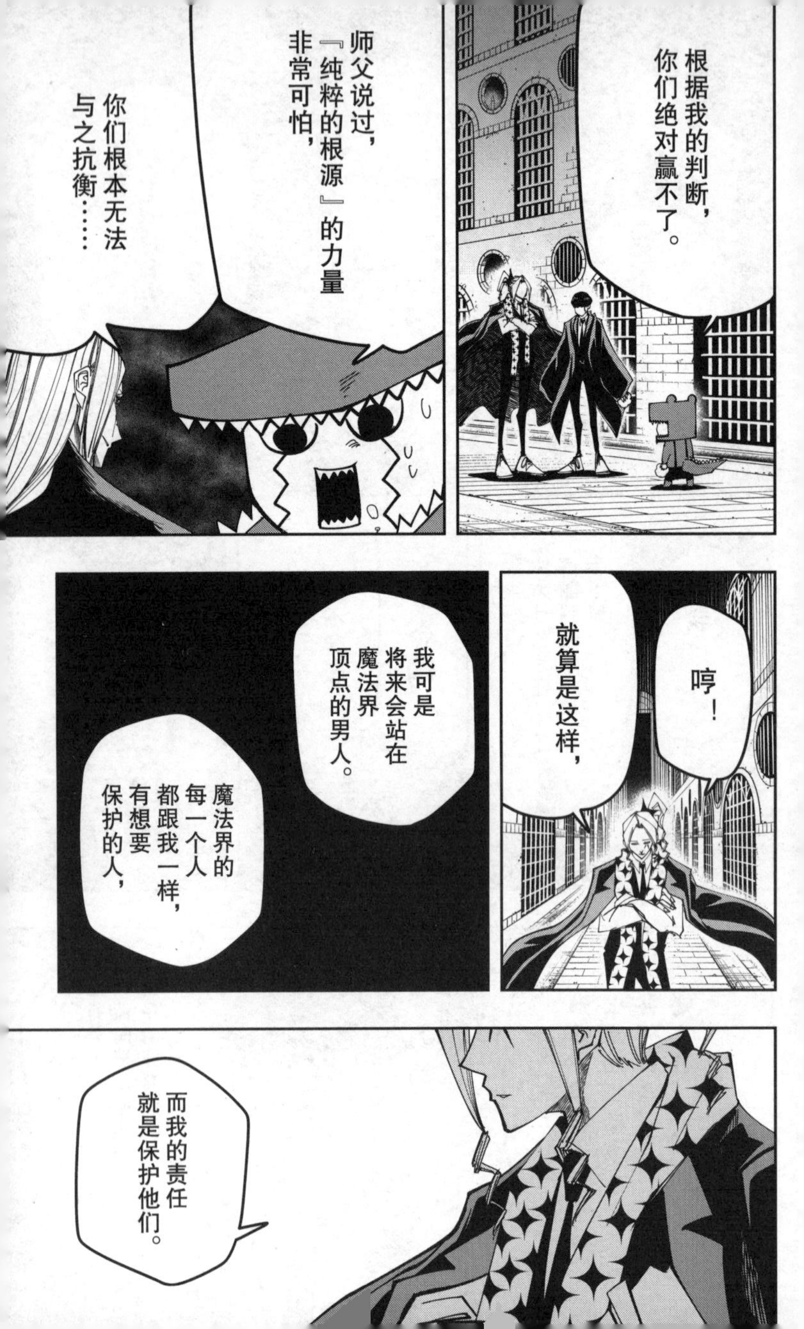
根据我的判断，你们绝对赢不了。
师父说过，『纯粹的根源』的力量非常可怕，
你们根本无法与之抗衡……
哼！
就算是这样，
我可是将来会站在魔法界顶点的男人。
魔法界的每一个人都跟我一样，有想要保护的人，
而我的责任就是保护他们。

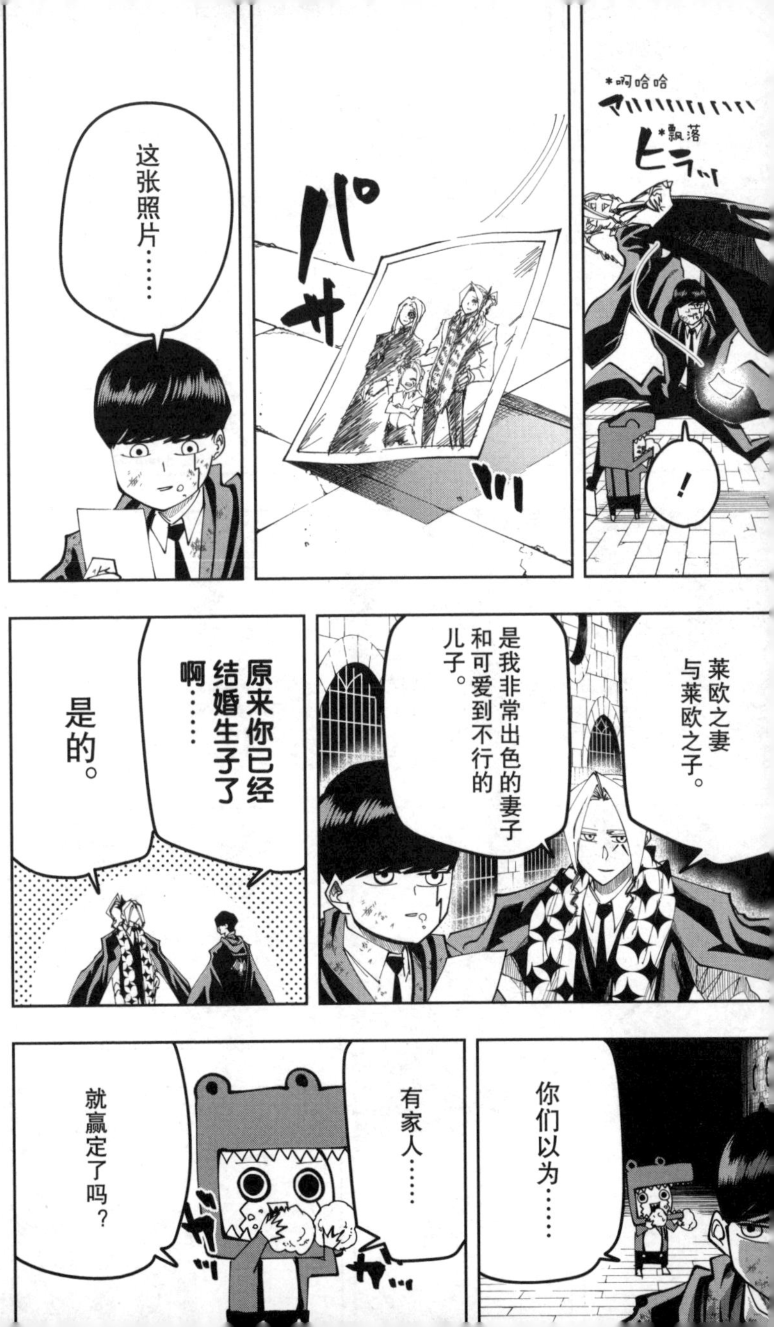
*啊哈哈
*飘落
！
这张照片……
莱欧之妻与莱欧之子。
是我非常出色的妻子和可爱到不行的儿子。
原来你已经结婚生子了啊……
是的。
你们以为……
有家人……
就赢定了吗？

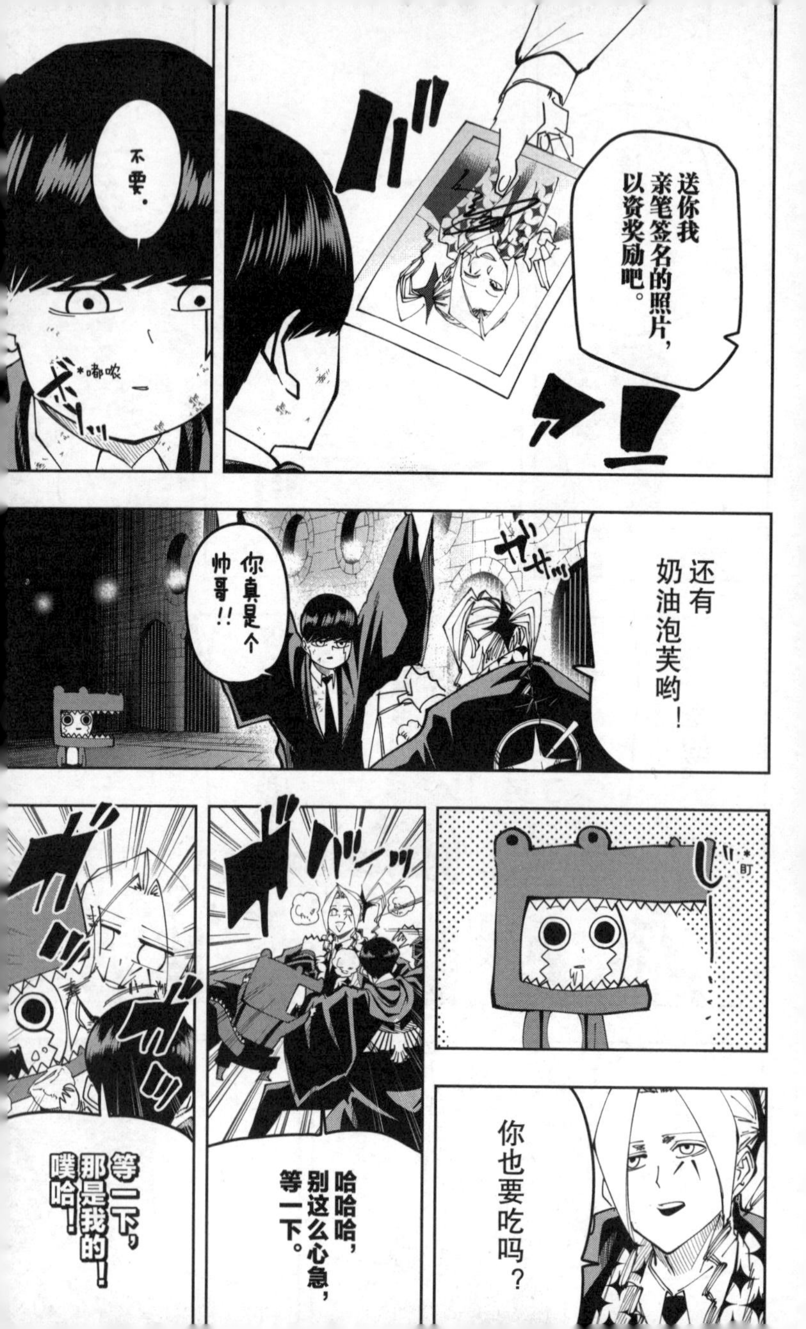
送你我亲笔签名的照片，以资奖励吧。
不要。
*嘟哝
还有奶油泡芙哟！
你真是个帅哥!!
*盯
你也要吃吗？
哈哈哈，别这么心急，等一下。
等一下，那是我的！噗哈！

呼——
终于打败了10个……
……
难以置信……第四天就打通了第十关……
普通人至少要花一个月才行……
好可怕的速度……
休息一下吧，吃点东西补充一下体力。
怎么样？帅吗？
欸？啊……还行……
呵呵，看你这么努力……
?

与此同时……
ドガガガガガガガガ

说明的过程中打破了一个瓶子……心肠太坏了!!
况且我可没求着这个四眼教我。
可恶……我明显不如妹控，肯定会早早失去所有瓶子……
可我又不想跟这家伙合作……
喂，刺猬头……你应该知道怎么做吧？
啊？
注意，
不要拖我的后腿。
我绝对不会跟你合作，臭小子——!!

欸？
不光要守住瓶子，
还得防着我。

你们二人要在这里度过一周的时间。
！
这一周，你们的补给只有3瓶200毫升的水。
装水的瓶子一碰就会碎，碰到身体也是一样。
也就是说，必须始终用魔力让其浮在空中，
チャポ
否则就会碎。
呜哇!!
必须时刻集中精力，连觉都不能睡，因为要是没水喝，就会死……

呜哇！
嗯啊？
……
这里是什么地方……

首先，我要让你们
体会一下死亡的滋味。
*咚
还是失败了吗?!
呜——

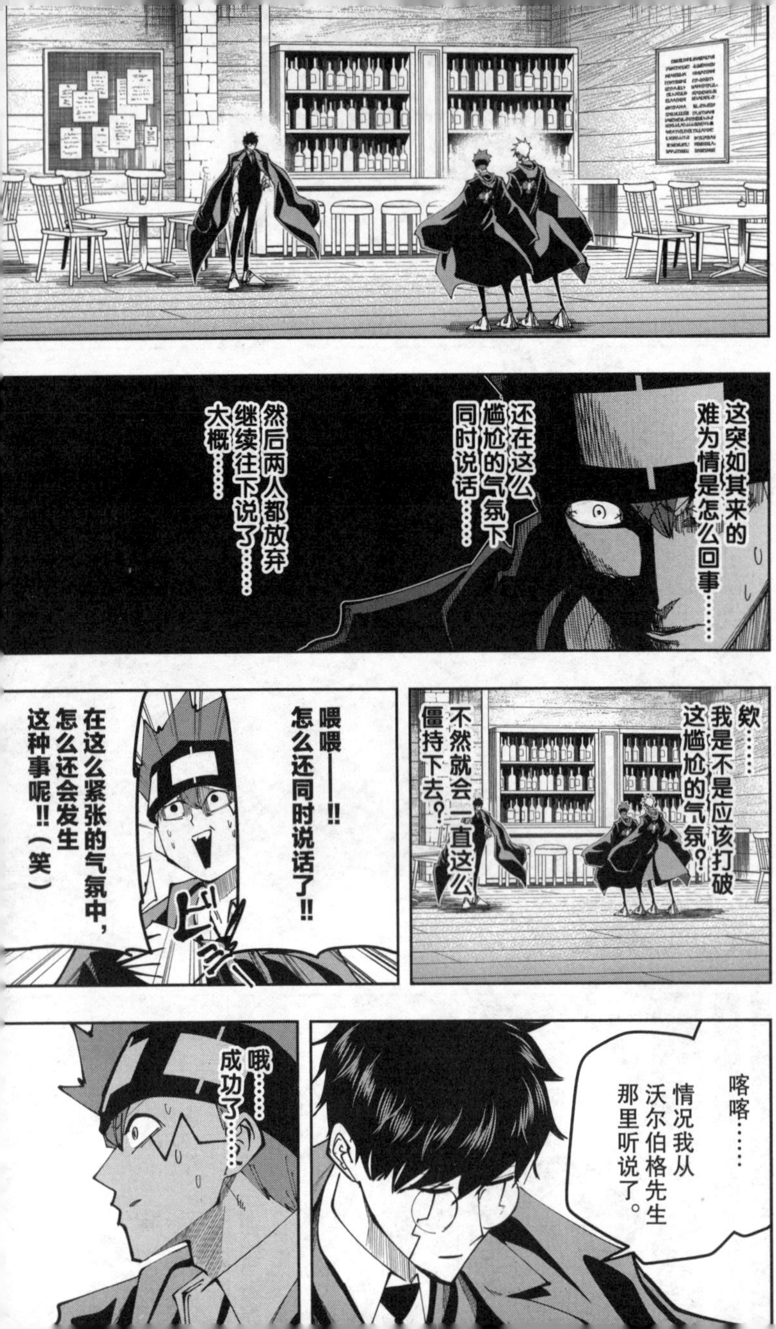
这突如其来的难为情是怎么回事……
还在这么尴尬的气氛下同时说话……
然后两人都放弃继续往下说了……大概……
欸……我是不是应该打破这尴尬的气氛？
不然就会一直这么僵持下去？
喂喂——!!
怎么还同时说话了!!
在这么紧张的气氛中，怎么还会发生这种事呢!!（笑）
喀喀……
情况我从沃尔伯格先生那里听说了。
哦……成功了……

……
……
这是什么气氛……
两个自尊心都很强的人碰到一起……
气氛很尴尬啊。
你……

第106话
马修·班迪德与战斗的理由
前情提要：达特和兰斯如今已经成长了许多。
这……这个戴眼镜的……
之前欺负过马修……
而且我们两个应该是这个人的眼中钉吧……
……
……

附录④

欸？
你为什么要刮掉暗号？
为了这场死亡游戏，我可是花了3个月来想暗号……
你中邪了吗？为什么要这样……
算了，不管怎么说，这个房间都被厚度达5厘米的铁板封闭着。
不解开暗号就无法——
*嘎

P128 待续

ゴゴ
ゴゴ
ゴゴ
ゴゴ
沙
真是期待呀！

ゴゴゴゴゴ
实际上，光凭他们，就足以消灭那些家伙了……
要不了多久，我的夙愿便能达成。

壮观啊！
从巨人族到霍比特魔人族穷凶极恶的囚犯……
都已归入我们的麾下……
厉害……
好强大的战力……
那些家伙肯定还以为
我们之间势均力敌呢吧。

ズズ
ズズ
ズズ
ズズ
ズズ
ズズ
パクパク
パクパク
看他们的眼睛。
パクパク
在父亲的力量的作用下，他们御底变成了恶的化身。
パクパク
实在是……

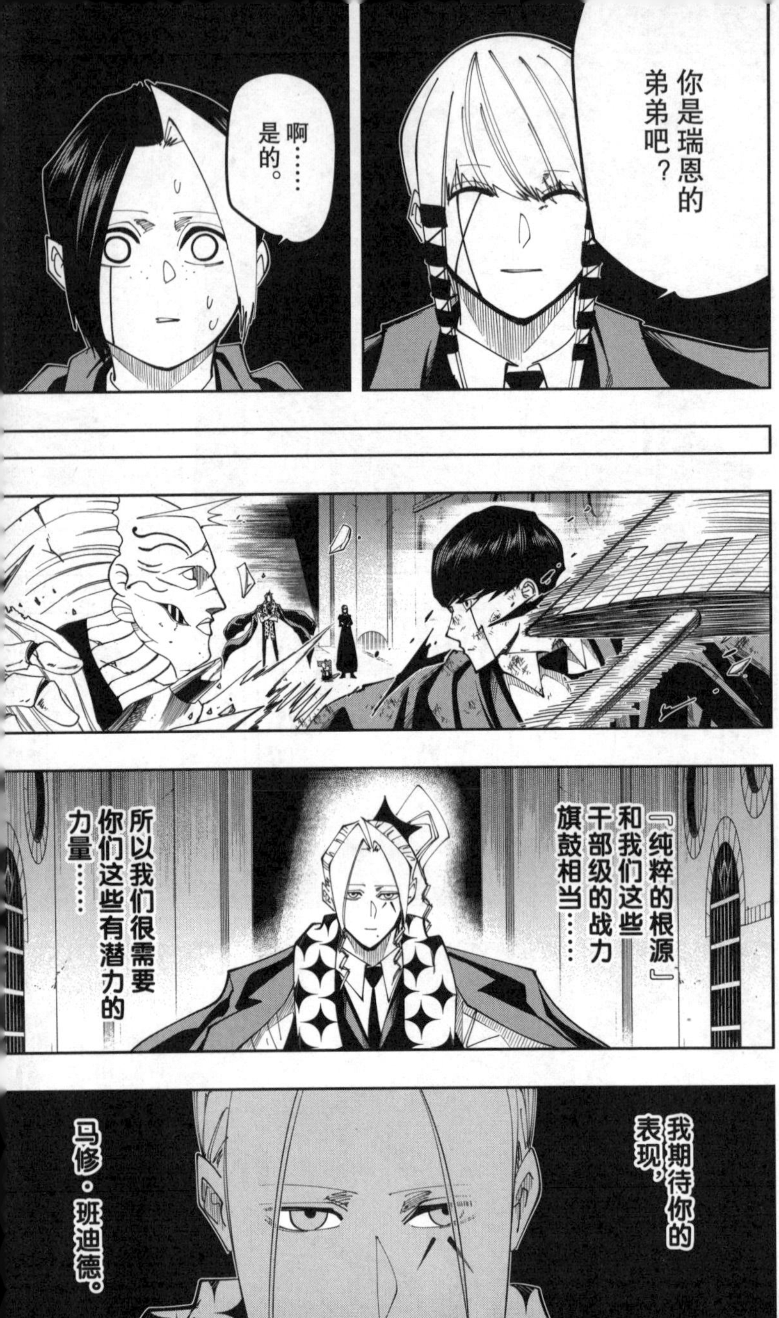
你是瑞恩的弟弟吧？
啊……是的。
『纯粹的根源』和我们这些干部级的战力旗鼓相当……
所以我们很需要你们这些有潜力的力量……
我期待你的表现，
马修·班迪德。

……
……
……
完全没勇气走进去……
你在干什么呢？
!!

我也必须……
强大起来！
这样才能帮上
马修他们的忙……
必须……
（校长室）
……

完啦!!
*啊
世界末日啦!!
呜……我还想长命百岁呢……
可恶……
!
*飘落

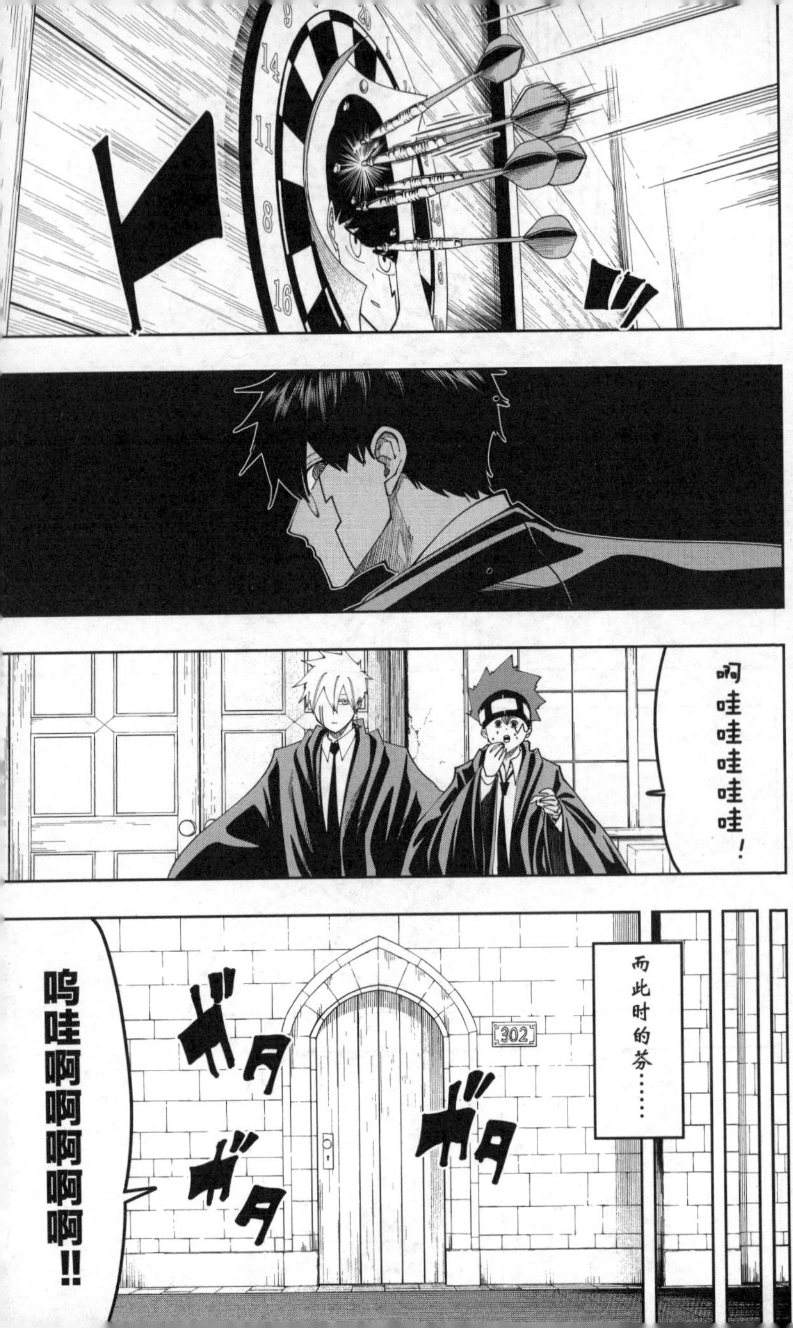

啊哇哇哇哇哇！
而此时的芬……
ガタ
ガタ
ガタ
呜哇啊啊啊啊啊!!
302

与此同时，兰斯等人……
我为你们安排了一位特殊导师。
在看过你们在考试中的表现后，他主动请缨要指导你们……
校长让我们来，我们就来了……
可是那个什么导师真的会在这种地方吗……
啊！

后面还有99副铠甲等着你，
也就是说，最后一个将是100级。

这点小把戏就伤到你了？看来前途一片黑暗啊。
……
我通过魔法将你的细胞情报输入了
铠甲武士。
现在的你无法战胜他。
因为我将他的各项能力设定为刚好能压制你的数值。
当然，你的对手不止他一个。
他只是一级小怪。

!
透明箭？
扑哧

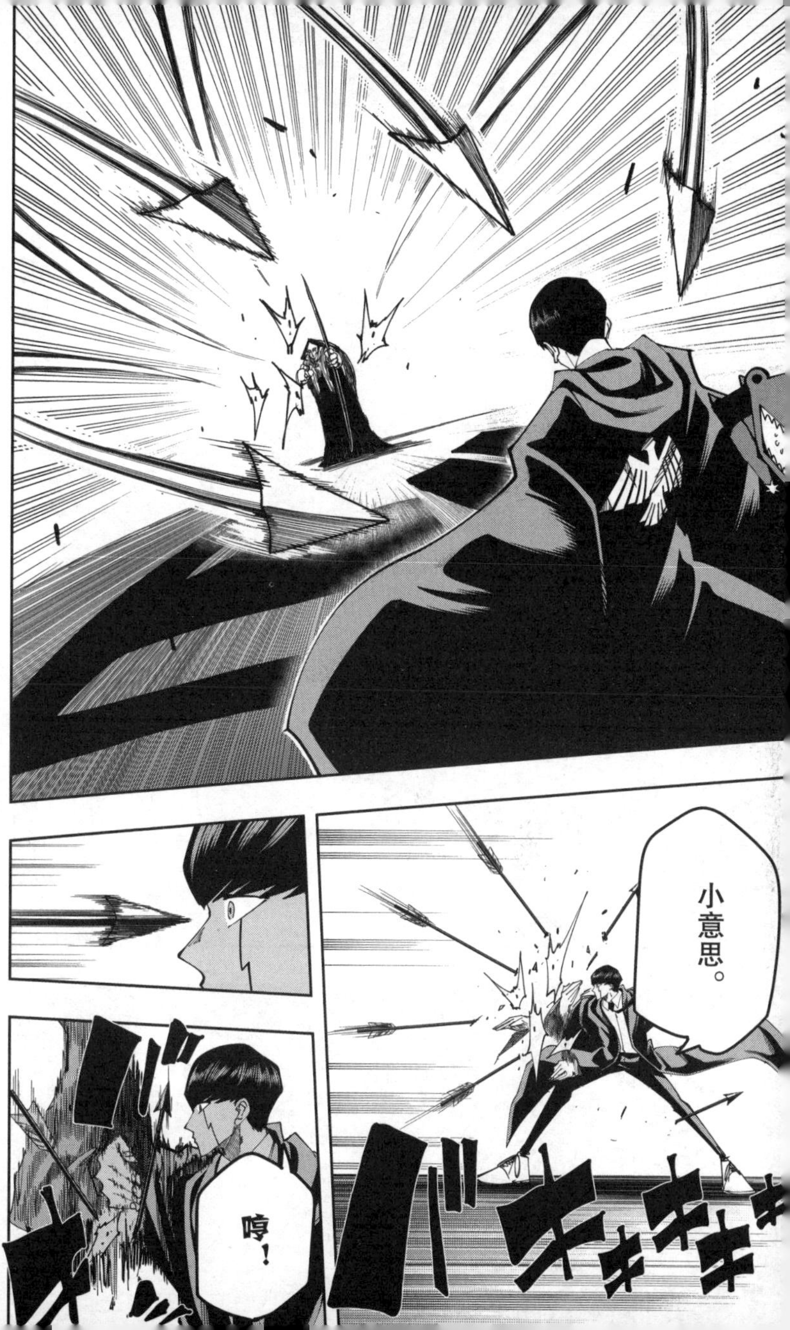
小意思。
哼！

铠甲!!

地牢？
啊啊啊啊！
好可怕——
好想回家——
这是第二关。
？
*咔锵

伴随着痛苦的同时。
那可不行啊！
啊吧——
姐姐的魔法会直接对身体细胞产生作用。
从普通的治愈到强化肉体，
尤其是激发出肉体极限力量的强化魔法，可是魔法界首屈一指的。
这可是姐姐为你量身定制的修行……相信你早晚会发挥出自己力量的极限……
不过你现在肯定疼得什么都听不见了吧。
噗啊！

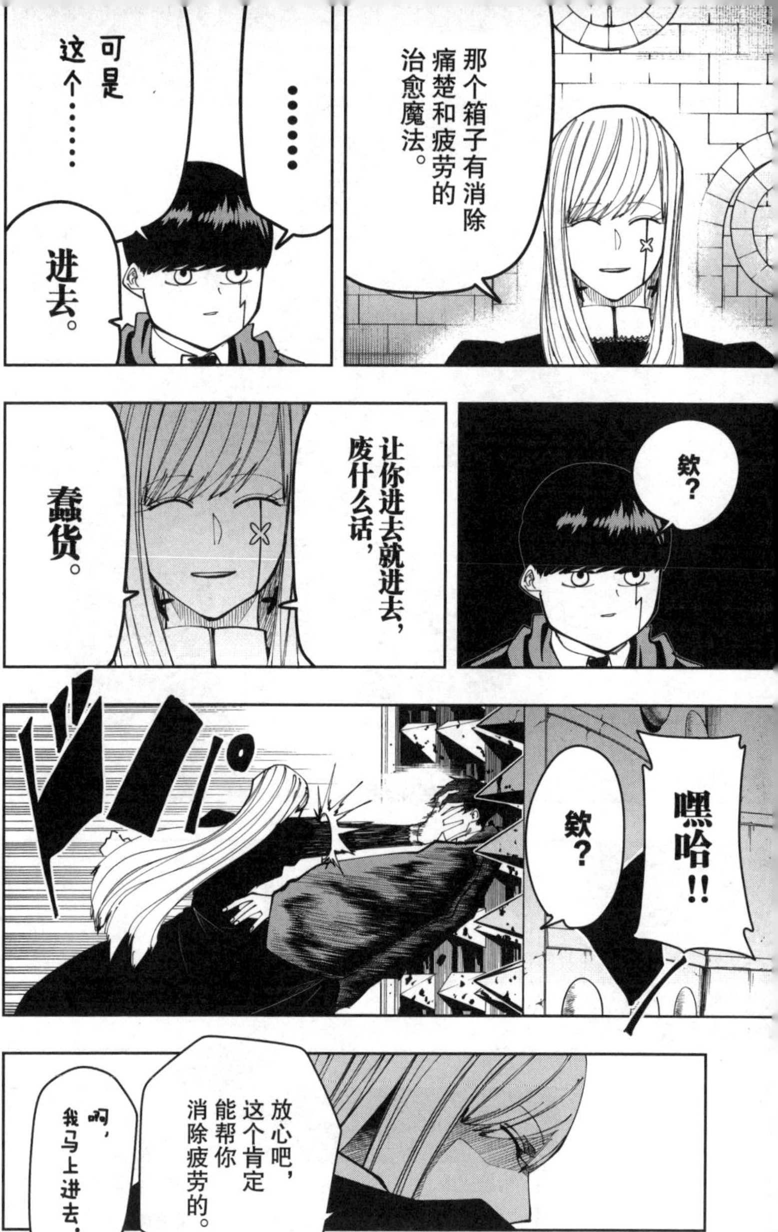

那个箱子有消除痛楚和疲劳的治愈魔法。
……
可是这个……
进去。
欸？
让你进去就进去，废什么话，
蠢货。
嘿哈!!
欸？
放心吧，这个肯定能帮你消除疲劳的。
啊，我马上进去。

第105话 马修·班迪德与试炼铠甲

附录③

欸？
为什么拆掉了？
明明用人力拆不掉的……
……算了，不管怎么说。
反正脚上锁着铁链，你也出不去。
*轰
……地上写着5个字的暗号，你们要以它为线索——

P108 待续

!!
连一天都不到就把奥乔阿身上的12条尾巴都抓到了?!还承受着重力?!
我明白了，难怪莱欧会亲自带你来。
吔·
这是一颗待打磨的钻石啊……
好，
进入第二阶段吧。
距离决战还有29天!!

×00
累死我了……

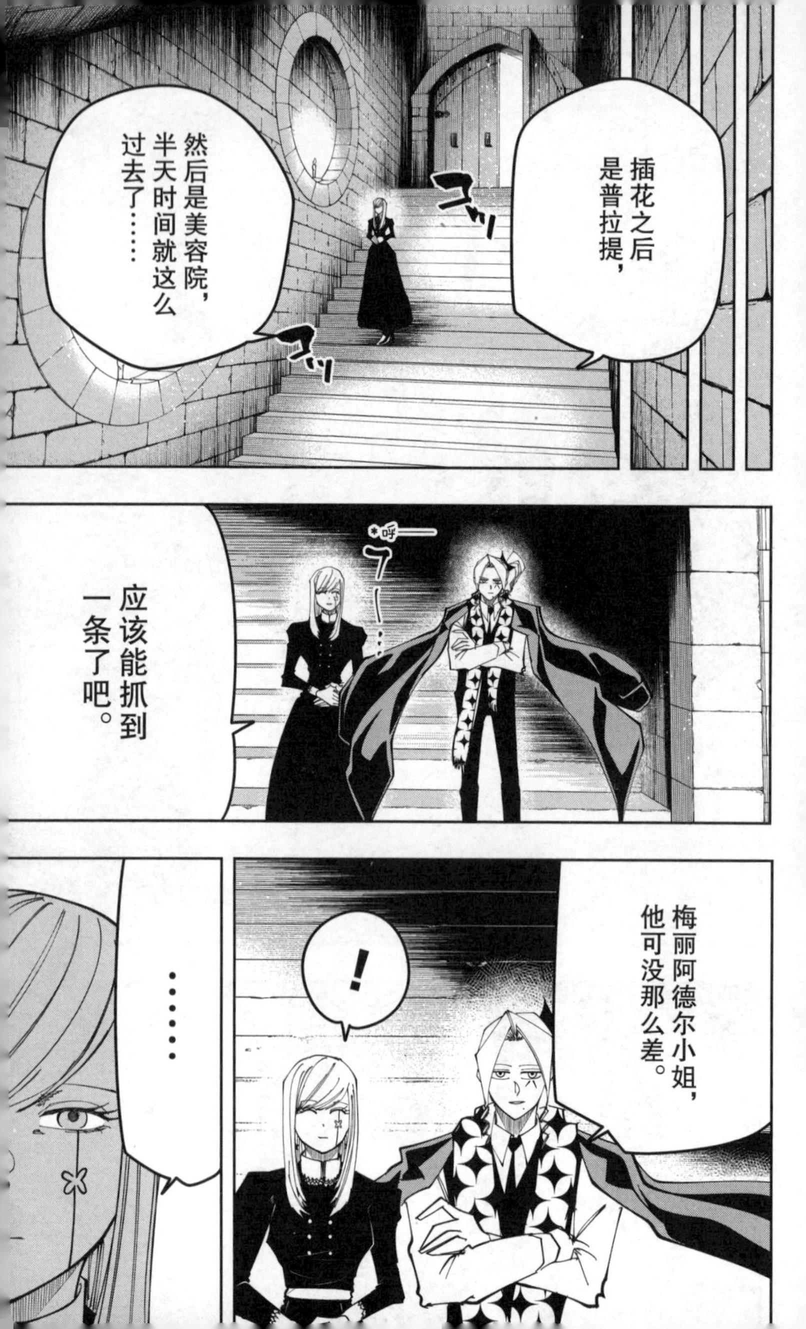
插花之后是普拉提，
然后是美容院，半天时间就这么过去了……
*呼——
应该能抓到一条了吧。
梅丽阿德尔小姐，他可没那么差。
！
……

所以不要惧怕自己的力量。
流下
不过给我揉肩就算了……
老爷子……
！

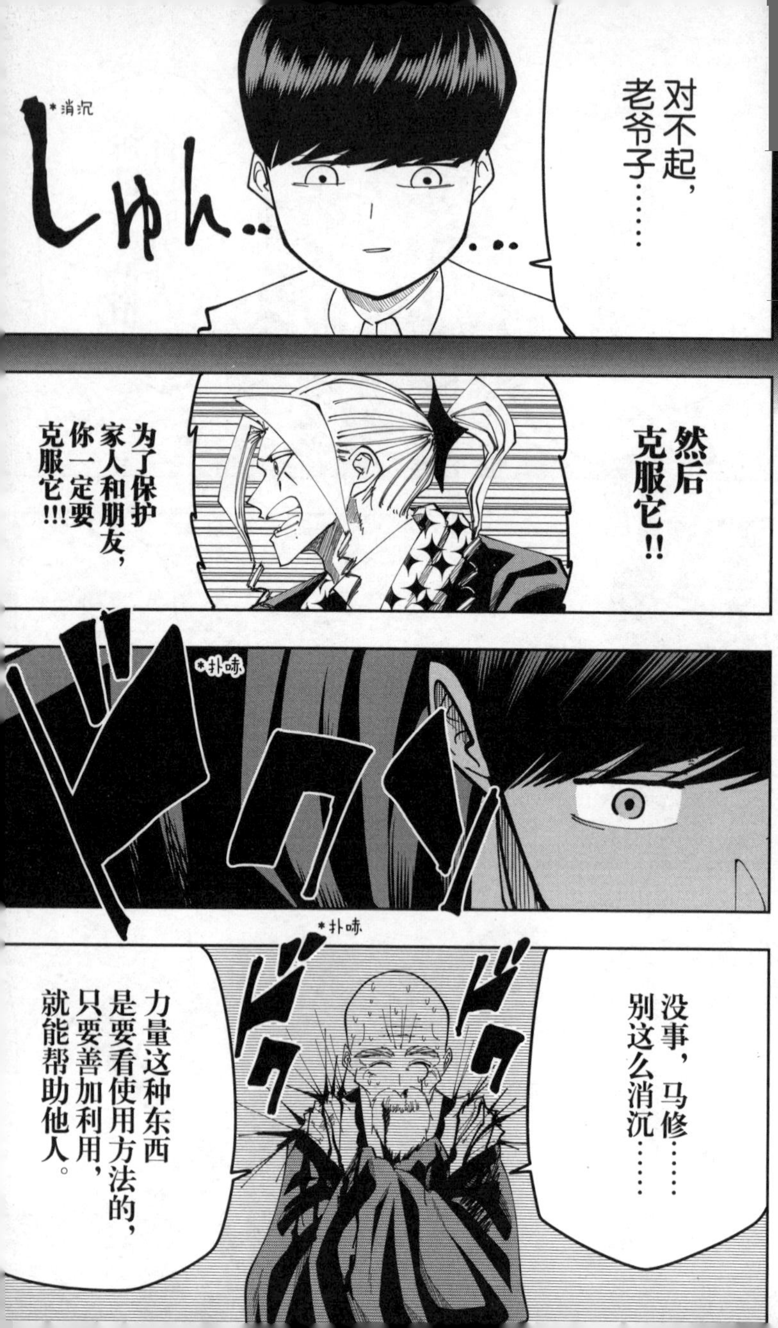
对不起，老爷子……
*消沉
しゅん……
然后克服它!!
为了保护家人和朋友，你一定要克服它!!!
*扑哧
ドクン
*扑哧
ドクドク
没事，马修……别这么消沉……
力量这种东西是要看使用方法的，只要善加利用，就能帮助他人。

*嘎吱
欸?!等一下，马修！
要断了！要断了！
要断了!!肩膀要断了!!
啊啊啊啊啊啊啊啊啊啊啊!!
*咔吧
欸？老爷子，你说什么？刚刚有噪声，我没听清。
啊啊啊啊啊啊!!
那不是什么噪声！是我的肩膀死去的声音!!肩膀死去的声音，啊啊啊!!
呀啊!!
骂人的话
SHIT!!!
断了……真的断了……
……

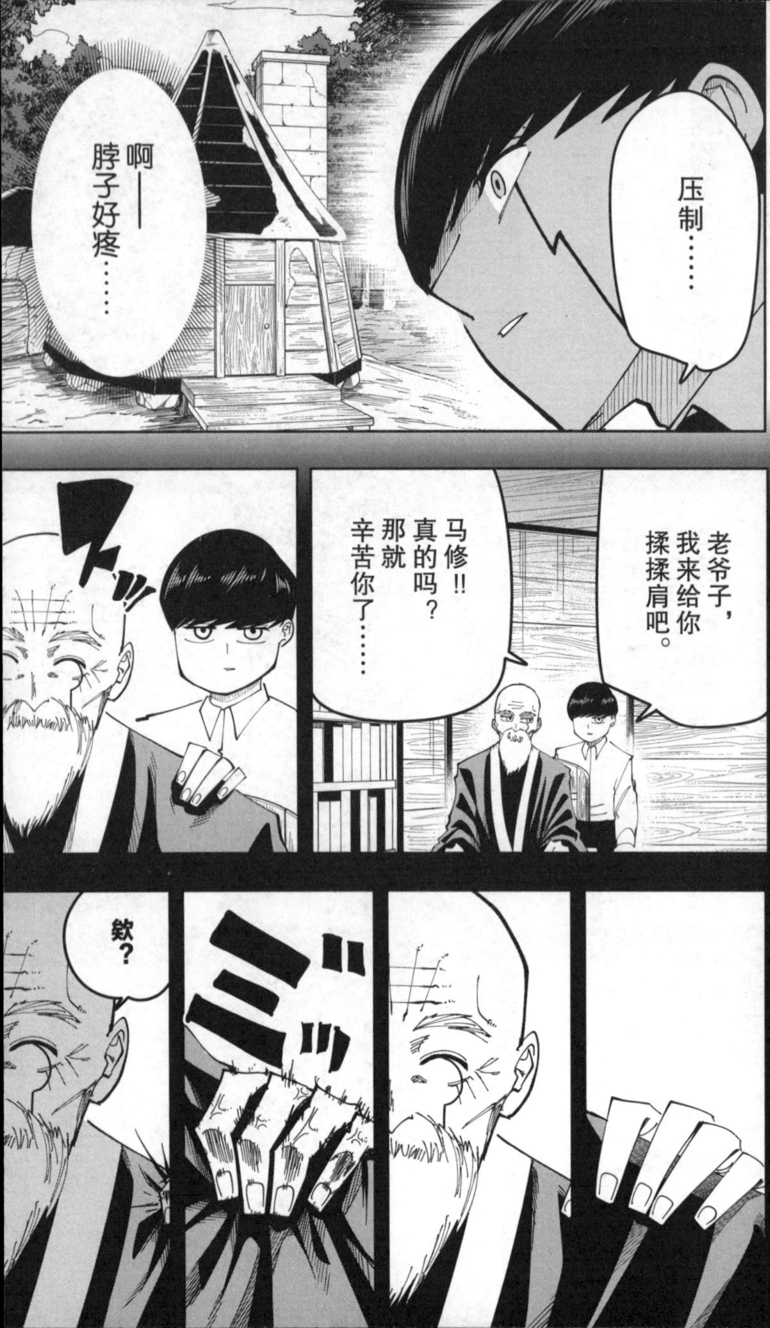
压制……
啊——脖子好疼……
老爷子，我来给你揉揉肩吧。
马修!!真的吗？那就辛苦你了……
欸？

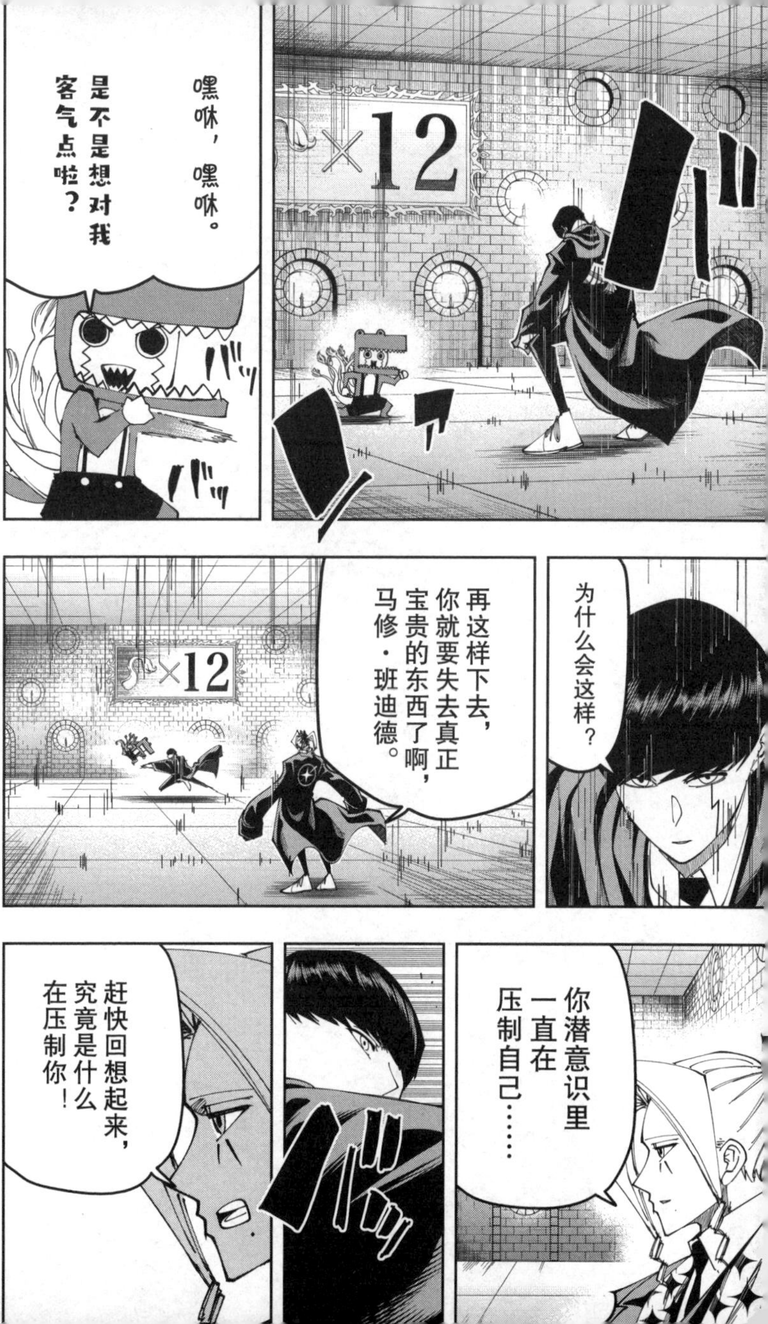
×12
嘿咻，嘿咻。
是不是想对我客气点啦？
×12
为什么会这样？
再这样下去，你就要失去真正宝贵的东西了啊，马修·班迪德。
你潜意识里一直在压制自己……
赶快回想起来，究竟是什么在压制你！

在那之后，马修依然没能抓到尾巴。
×12
×12
×12
×12
时间一分一秒地过去了……

×12
为什么会这样……
居然一条都抓不到……
因为我利用魔法把自己的体能最大限度地发挥了出来，
遇到稍微有点实力的家伙是不会输的。嘿咻！
*转身
咿呀啊!!
*惊
怎么了？马修·班迪德……你就这点能耐吗？
怎么可能……

?!
这样应该可以。
……
?!

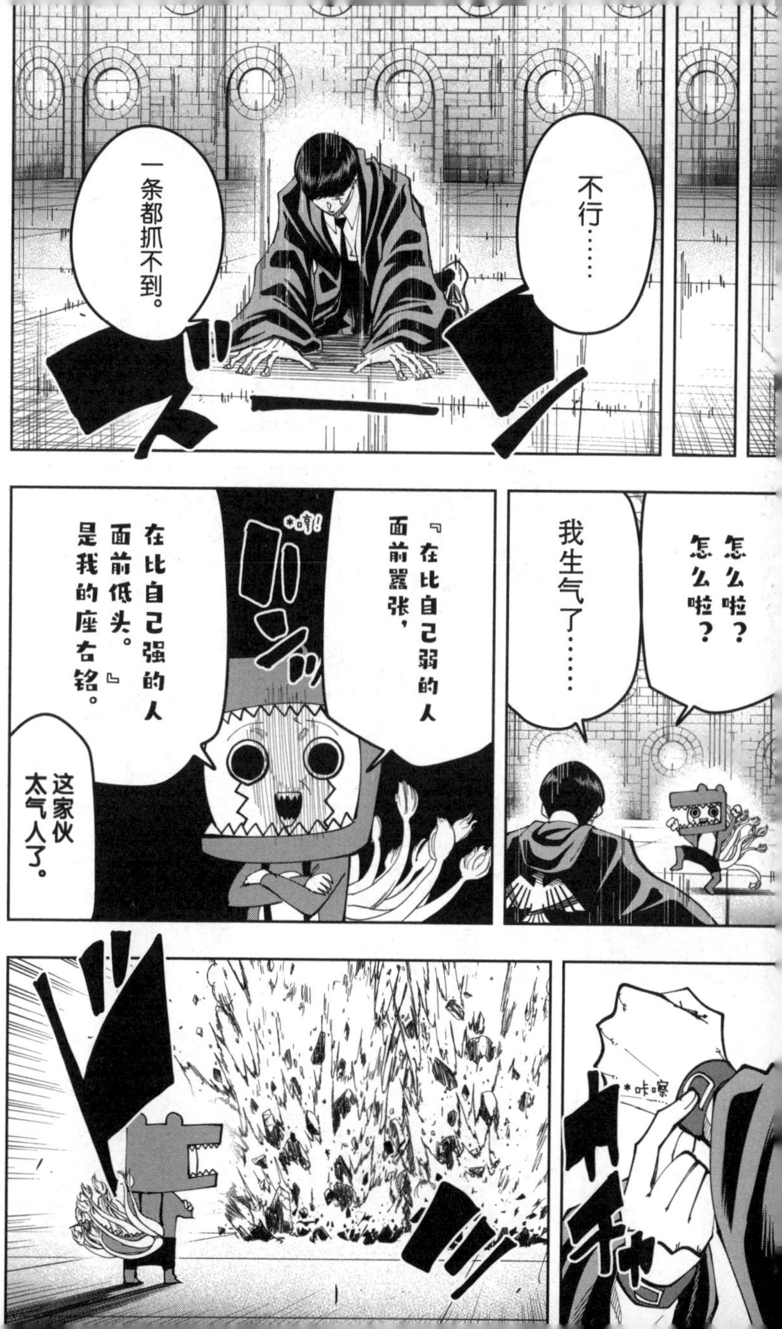
不行……
一条都抓不到。
怎么啦？怎么啦？
我生气了……
*哼！
『在比自己弱的人面前嚣张，
在比自己强的人面前低头。』是我的座右铭。
这家伙太气人了。
*咔嚓……

时间 → 重力
10分 → 2倍
20分 → 3倍
30分 → 4倍
80分
这个房间里的重力，每隔10分钟就会成倍增加。
也就是说，时间拖得越久，对你越不利。
你要在承受重力的同时，夺取12条尾巴。
上来就增加难度!!
嘿!
呜欧欧欧欧!
我给自己施加了不受重力影响的魔法哟。
用魔法，太卑鄙了……
我这边跑!!
我这边转!!
哼!

?!
哦……
哦……
怎么了？
怎么会这样……
别小看这次测试，马修·班迪德。

准备好了吗……
哦。
开始。
必须尽快进入下一阶段。

需要提醒你的是，你的对手可是我的弟子。
就算你是莱欧带来的，我也不会把时间
浪费在没有可能性的人身上。
我还要去插花教室，就先失陪了。
马修先生，你就在这段时间里，证明自己是真的有实力，而不是在逞口舌之快吧。
コッ
コッ
插……插花……

啊啊啊啊啊啊啊啊啊啊!!
*啊
什么嘛——吓死人了，
啊啊啊啊啊啊!!
马修先生，请你抓到他身上的12条尾巴。
哦!
只要都能抓到，第一关就算过了。
小菜一碟。
时间是一周，
如果没完成，你就不能接受我的修行。

*啊
啊啊啊啊啊啊啊！
不要无视我！啊啊
啊啊啊啊啊啊啊!!
啊啊啊啊啊啊啊啊啊啊!!
啊！
摸
*惊吓
咿呀!!
*咬

奥乔阿
新来的吗？我是梅丽阿德尔老师的首席弟子，奥乔阿。
嘿咻！
从今天起，你对我说话要客气点！
嘿咻！
听明白了就回答我！
喂，回答……
回答……
……

前情提要：马修要开始修行了。
既然如此，好吧……
首先，我要测试一下你现在的实力。
ゴゴゴゴ
第一阶段
是抓尾巴。
抓尾巴？
我一个人吗？
喂喂——

祝 连载2周年突破纪念
第一次角色人气投票
结果发表!!!
谢谢大家的喜爱。
第1位
马修·班迪德
11534票
感谢神的庇佑。
第2位
卡尔德·盖亨纳
7892票
哼……
第3位
兰斯·库朗 6879票
呜!
输给那个装模作样的家伙了……
※这个投票活动是真的进行了。
第4位
达特·巴雷特
5180票
我排在这里理所应当……
第5位
瑞恩·埃姆斯
5035票
*吔——
ワーイ
第6位
芬·埃姆斯
3507票
第104话 马修·班迪德与抓尾巴

附录②

P88 待续

我也有自信
第一次就能够
成为那个1‰。
很好，
那么我们就
开始修行吧。
距离决战还有 30 天!!

我愿意。
！
！
我……
有很多
就算豁出这条命也想守护的人。
而且……就算只有1‰的可能性，

1‰……
1000次里只有1次能成功。
……
原来如此。
这也怪不得他，
风险实在是太大了……
老实说，马修先生，你还很年轻……
没必要冒着生命危险去做这种事……

你至少
要在这30天内
超越我。
只要完成我的修行，
你就会得到
非常强大的力量。
如果失败，你就废了，
恐怕连日常生活
都无法自理。
你愿意为了
这微乎其微的
可能性，
牺牲自己吗？
微乎其微的
可能性……
是多少？

现在的你
绝不是『纯粹的根源』的对手……
恐怕连他那个长子都打不过。
你将会在战斗中壮烈牺牲，最终无法保护任何人。
ガ——ン
*打击
黑暗之力在日全食之日会达到顶峰，
对方肯定会挑那天发起进攻……
也就是说，距离『纯粹的根源』发动进攻还有30天。

*咚
怎么能随便触碰女士的身体呢？
蠢货。
看到了吗，马修·班迪德？
界定性骚扰的标准，就是对方是否察觉……
原来如此。
事情我都听莱欧先生说了。

梅丽阿德尔小姐。
比校长还厉害？
真的假的？
哎呀……别提了，莱欧先生。
那都是陈年旧事了。
我只是在陈述事实。
！
スッ
梅丽阿德尔小姐，肩膀上有灰尘……

整顿魔法界，
创立魔法局，
历代最强魔法使
亚当……
为了把魔法界的未来
托付给可靠之人，
选出了3名弟子……
魔法界的首席
沃尔伯格先生，
堕入黑暗的
恶之帝王
『纯粹的根源』，
而最后一名弟子
就是站在你面前的
这位——

啊！
还以为死定了呢。
咦？
身体能动了。
ピョイ
好棒!!
那是自然。
全盛时期的梅丽阿德尔小姐比沃尔伯格先生还要强。

现在的你，
没有拒绝的权利。
啊，
是。
放心吧，很快就会结束的。
你最好乖乖躺在那里不要动，马修·班迪德。
是。
*嗡
呣吧吧吧吧吧吧……

呜哇！
欸？为什么又突然停下了？
这是魔法电锯，可以帮你排出所有疼痛、疲劳和毒素。
那能不能连疼痛一起……
当然不行。
呜哇！
被威吓之后的沉默太可怕了……
好想回家……
马修先生……

*嗡——
*嗡——
欸？
很快就会结束。
被骗了……
我只是普通的肌肉痛……
那个东西是什么……
是电锯。
电锯不是用来切割木头的吗？

我这种问题都能治好，那个人肯定很厉害吧？
对……是跟沃尔伯格和『纯粹的根源』一样
超级帅气的一个人……你就安心接受她的治疗吧。
为什么要把我绑起来……
放心吧，马上就要开始了。
*嗡——
？
这是什么声音……
*电锯声

……
事情为什么会变成这样……
我带你去见能给你治疗肌肉痛和伤的人。
以这个帅气的姿势。
你帮了我不少，谢谢你。
别在意。身为世界第一帅气的我，不能对将来的接班人见死不救。
你是个好人……

啧啧啧啧！
喂喂喂！
啊——？
哦？
想走我前面吗？
啊~~~~~？
有奇怪的东西跟上来了。
不许走在我前面！
无视好了。

我进入这所学校，是为了保护妹妹……
然而考试结束了，我却没拿到魔法杖……
コッ
コッ
而且再这样下去，我妹妹会先死于『纯粹的根源』之手……
不能坐以待毙……
我必须变得更强……

我个人倒是挺期待的……
从客观的角度来说，我有机会见证到世界末日前的5秒了呢。
真令人兴奋。

*咔哧
不客气地说，我觉得对方实力不怎么样。
我都还没打够呢。
打败候选人之后居然毫发无伤，二位果然了不起……
不过接下来该怎么办呢？
传闻『纯粹的根源』一个月后就要对全世界发动攻击了……
之前的对手就算再厉害，终究是学生，这次却完全不同……

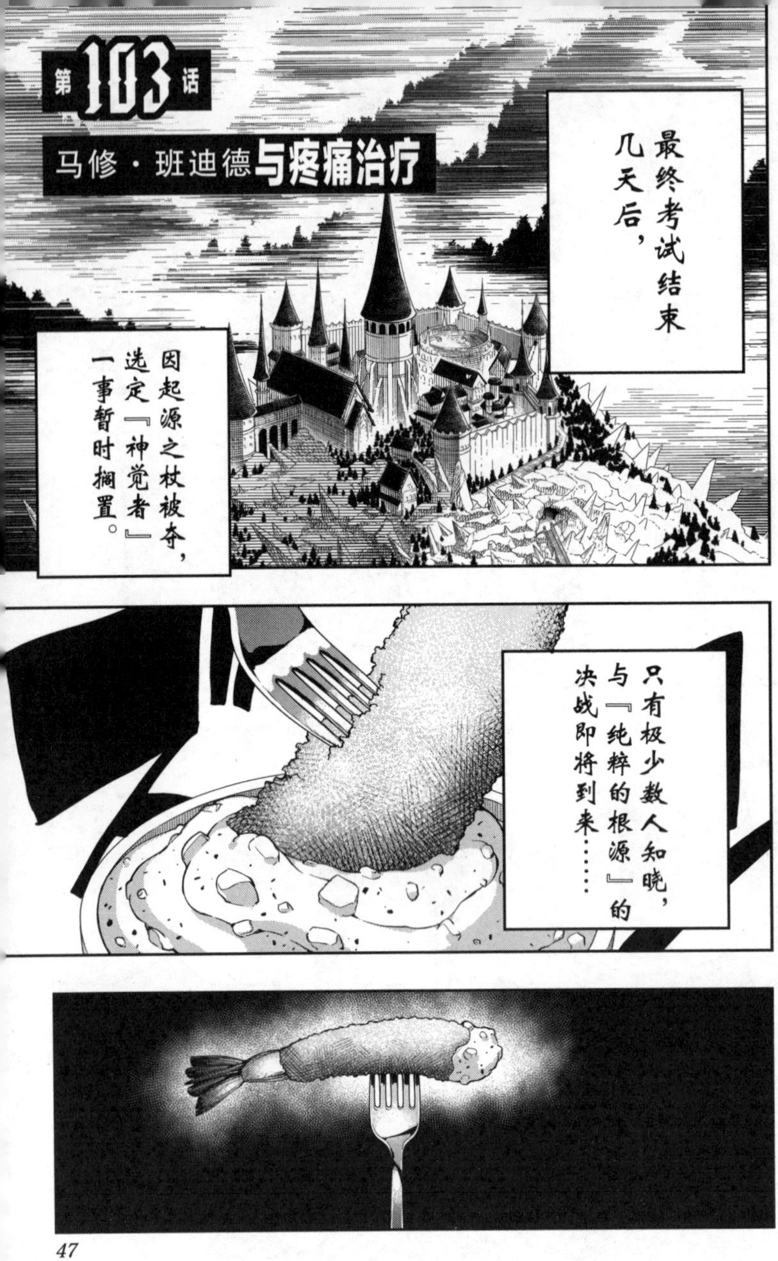
第103话
马修·班迪德与疼痛治疗
最终考试结束几天后，
因起源之杖被夺，选定『神觉者』一事暂时搁置。
只有极少数人知晓，与『纯粹的根源』的决战即将到来……

附录①

P66 待续

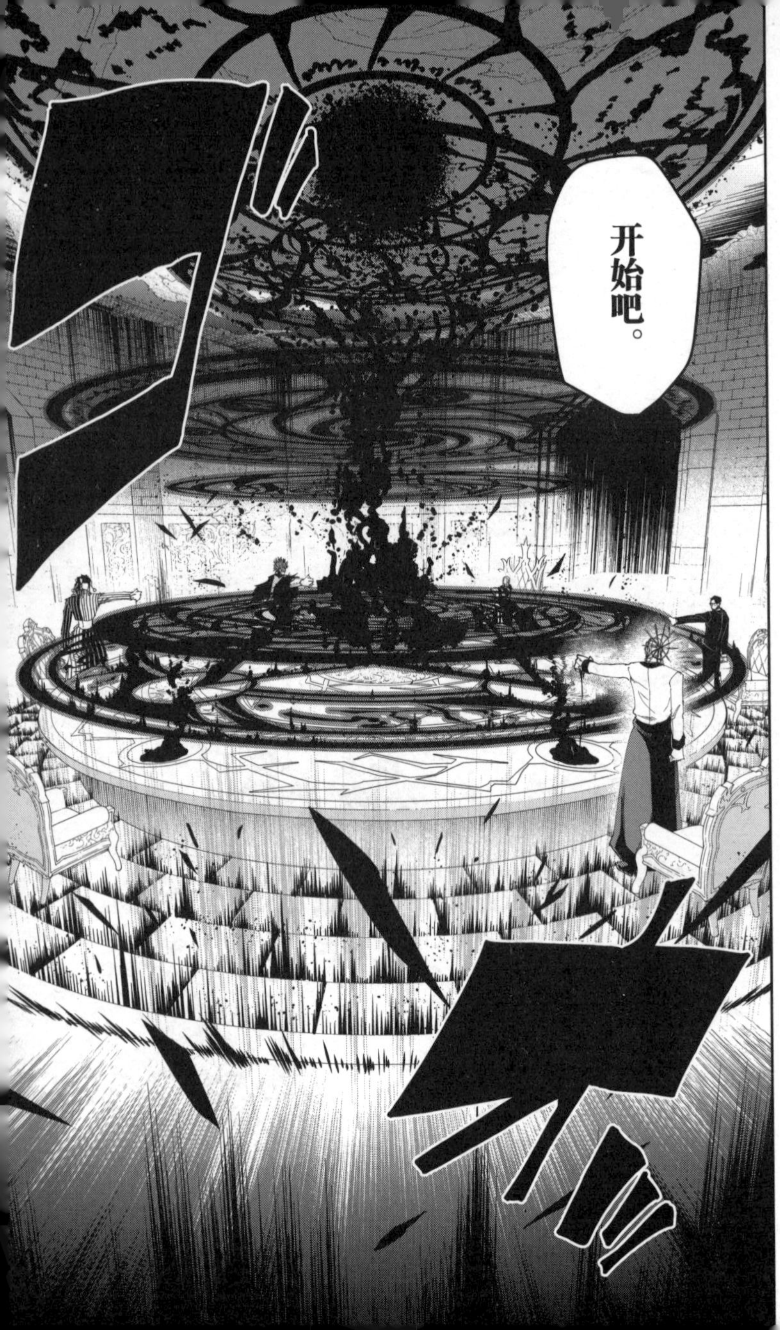
开始吧。

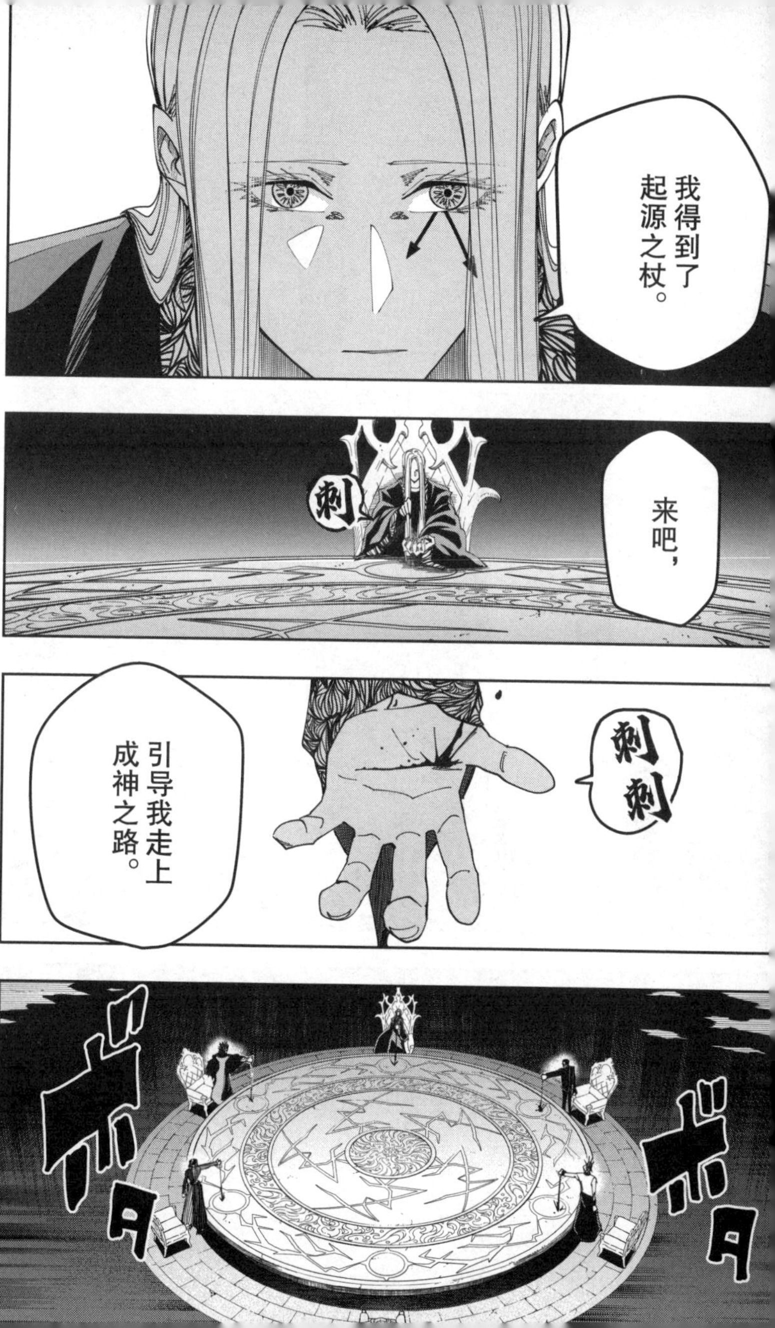
我得到了起源之杖。
刺
来吧，
刺刺
引导我走上成神之路。

下次希望能以完美的状态交手……
跟真正的他交手。
想得有点多……不过这也是你的一贯作风……
你太抬举他了。连魔法都不会用，能厉害到哪里去？
哼……算了。

第六个兄弟如今站在了我们的对立面。
他叫马修·班迪德……要小心他。
他完全不是你的对手，你对他的评价还挺高。
他有那么强吗？
是的……力量被他无意识地压制住了，
要是能将其解放，他应该会比现在更强。

多米纳死了。
虽然少了一个人，
但计划会照常进行。
也就是
一个月后的
日全食。
有件事我需要
提醒你们。
！

瞬间就把次子的手给……
不愧是杜姆大人，
魔力还在上涨……
你们几个，
别吵了。
他是什么时候进来的……

就算是兄弟，
我也不会手下留情。
……

菲尔曼，别闹了。
我不喜欢无谓的杀生。
要是你那享受其中的样子惹得我不快，下次就不是手了。

嗖
恶趣味……
哥哥是个疯子，
跟我们不同。

ビュッ
放心吧，
是假的。
……
呵呵呵，
刚刚的表情真不错。
假剑就能让人露出这么棒的表情……
嗖
次子
菲尔曼
下次用真的看看你会露出什么样的表情吧。

!!
呜哇啊!!
吓到你了?
有把刀扎在我的身上!!

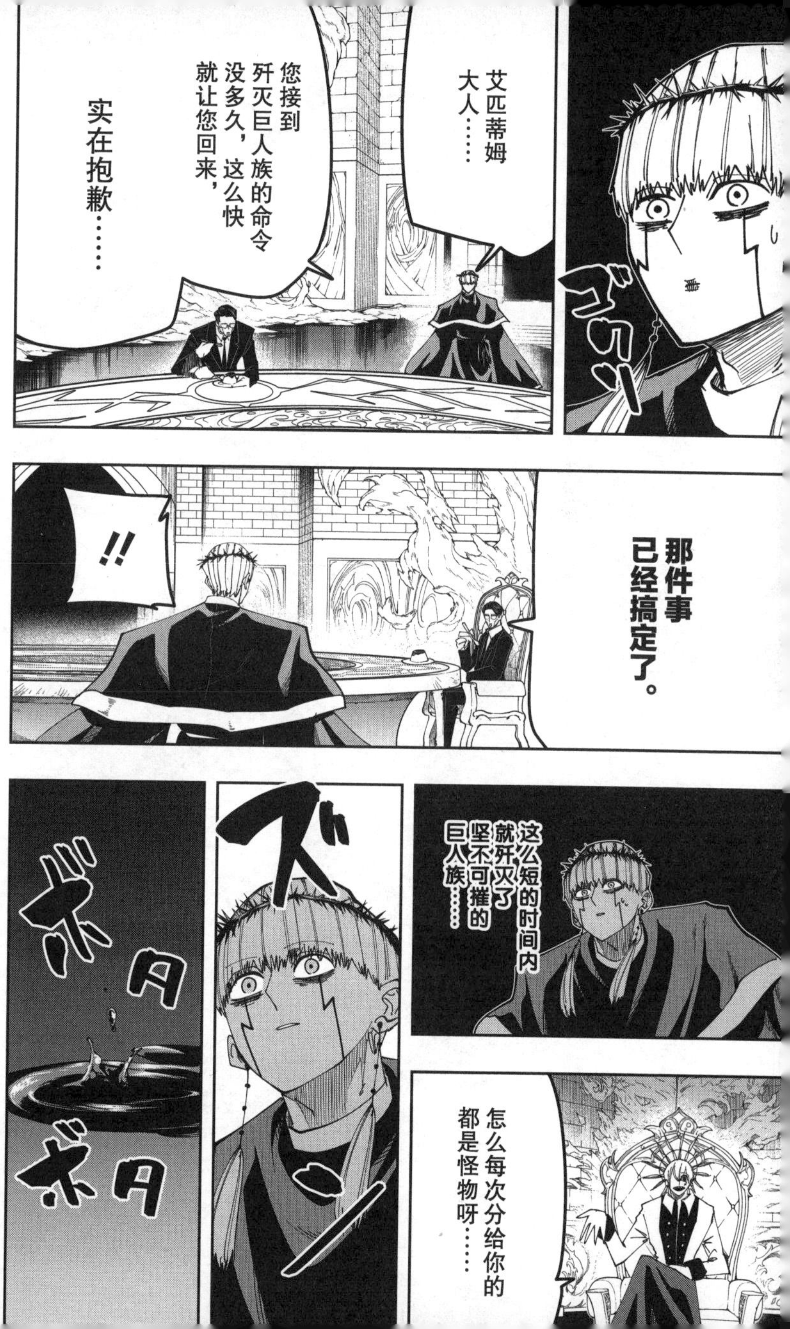
ゴクッ
艾匹蒂姆大人……
您接到歼灭巨人族的命令没多久，这么快就让您回来，
实在抱歉……
那件事已经搞定了。
!!
这么短的时间内就歼灭了坚不可摧的巨人族……
ズッ
ボタ
ボタ
怎么每次分给你的都是怪物呀……

ハッ
ハッ
プルプル
プル
ぱくっ
ググ
グググ
啊哈！
天堂——
パァァァアァァァ

?!
U
R
I
N
PURIN（布丁）!!
パカーーーッ
PURIN（布丁）!!
布丁弹弹弹，布丁♪弹弹弹弹弹。
プルプル
牛奶和鸡蛋的秘密约会，一次危险的约会。它们坠入爱河。
プル

!
三子
艾匹蒂姆
三子艾匹蒂姆大人……
他是什么时候……
?
P

我更想知道，
四子
迪力泽斯塔
开这个会有什么意义吗？
根本不需要吧？压力太大会伤皮肤的哟。
这份从容可不是嘴上说说……
他一个人就轻松干掉了50名最强的精灵族战士，那可是以强壮著称的民族……
人家得了口腔溃疡，可以走了吗？
以他的实力，足以蔑视『神觉者』，所以才会表现出这种态度……

多米纳被干掉了？
不过以他那个水平要是遇到『神觉者』也的确招架不住。
那个人叫马修·班迪德，他……连魔法都不会……
欸——笑死人了！
居然输给不会魔法的人，他还真是一如既往地弱啊。

迪力泽斯塔大人!!
『纯粹的根源』大人命我前来传话。
嗯?
请您到玛格尔城集合……
搞什么啊,麻烦死了。
能不能晚点再说?
可是……
!
イッ
当然是开玩笑的啦,赛尔小朋友。
ガシッ
不过等我去了发现根本不是什么重要的事的话,我会宰了你哟!

嗯——
喝了精灵的血，感觉整个人都年轻了呢。
第102话 马修·班迪德与他的5个兄弟

致各位购买本漫画的读者

感谢你们购买《马修》第12卷。
这次……那个……决定要动画化啦!!哇!!
这也多亏了支持我的各位读者。太感谢了!!
太感动了……
没想到事情竟会闹得这么大……
刚开始画的时候简直不敢想……
真的太谢谢了!!
说到动画，我小时候特别爱看《游戏王》
和《金童卡修》，每周都好期待!!
现在的小孩子应该都是买会员看动画的吧?
想到这里，
自己的作品能动画化真的特别光荣!!
我个人特别期待看到角色动起来，
也很期待听到兰斯同学的声音!!
如果各位读者愿意再陪伴我一段时间，
那就太好了!!
拜托啦!!

为什么会这样……
马修在那之后为赶来的『神觉者』所救。
以此为契机，马修即将展开最后的战斗。
集结剩下的五兄弟。

永别了，
马修·班迪德。
ボコ
ボコ
*消失
ズゾゾウゥゥゥウゥ

在你握住我的手的时候，
我第一次感觉到了来自他人的温暖。
我真的很开心，
能在最后遇到你。

我听从父亲的命令，做了很多坏事，手上已经沾满了鲜血。
但他从始至终都只是想利用我而已。
我就是个没有人爱的可怜虫……
可即便是这样的我，
即便是拥有这样无可救药的人生的我……

呜啵！
多米纳……
马修·班迪德……

グググ…
就算豁出这条性命……
去吧！水之魔法！
ドン

弯曲
但我不能让这家伙死在这里……
无论如何，一定要救他……
一定要……

我已经被父亲抛弃了。
我无论做什么，他都不会在乎了吧。
可是……
真是吵啊……
不行了，没有体力了……

多米纳……
呜……
熔化

必须想想办法，
让身体动起来。
*用力
*剧痛
好像不行。
动也动不了，
早晚会被
岩浆吞没……
接受死亡也是
人生必经的
阶段……
谢谢大家，
对不起，
我先走一步了。

性格真的很糟糕，
反派的感觉……
我该怎么办……
扑通
*掉落
不妙啊。
*塌陷
*消失

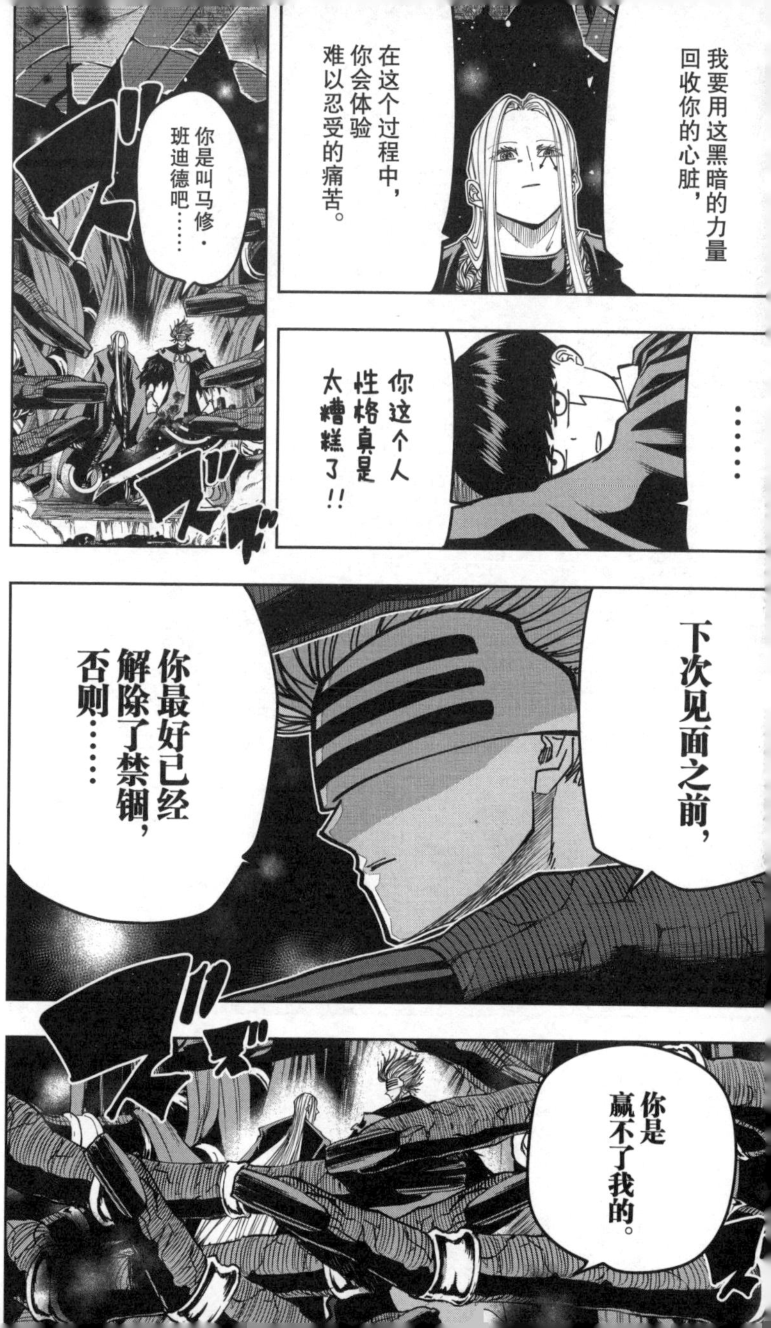
我要用这黑暗的力量回收你的心脏，
在这个过程中，你会体验难以忍受的痛苦。
你是叫马修·班迪德吧……
……
你这个人性格真是太糟糕了!!
下次见面之前，
你最好已经解除了禁锢，否则……
你是赢不了我的。

呜欧!!
这是什么……
那东西是拥有黑暗力量的岩浆。
只要稍微碰到一点，就会被彻底吸收，连一点渣子都不会剩下。

！
几股巨大的魔力正在靠近，
是『神觉者』……
……
我们还有准备工作要做，暂时撤退，杜姆。
好吧……
这个小玩意儿只能下次有机会再享用了……
等一下。
哔

或许你根本不把对手放在眼里……
又或是不敢释放自己的力量，下意识给自己加上了禁锢……
我自己都不知道……
ボー
*呆
越来越有趣了，我突然想
亲手破坏掉你内心的禁锢了……
！

他拥有能够破坏这把刀的强悍实力，
又会做出把奶油泡芙藏在身上这种莫名其妙的举动……
这家伙到底什么情况……
而且从刚才开始就有种违和感……
这家伙……很奇怪……
*嘟囔
好想回家。
ぼー
*呆
原来如此……
我明白了……
你并没有展现出真正的实力……
欸？

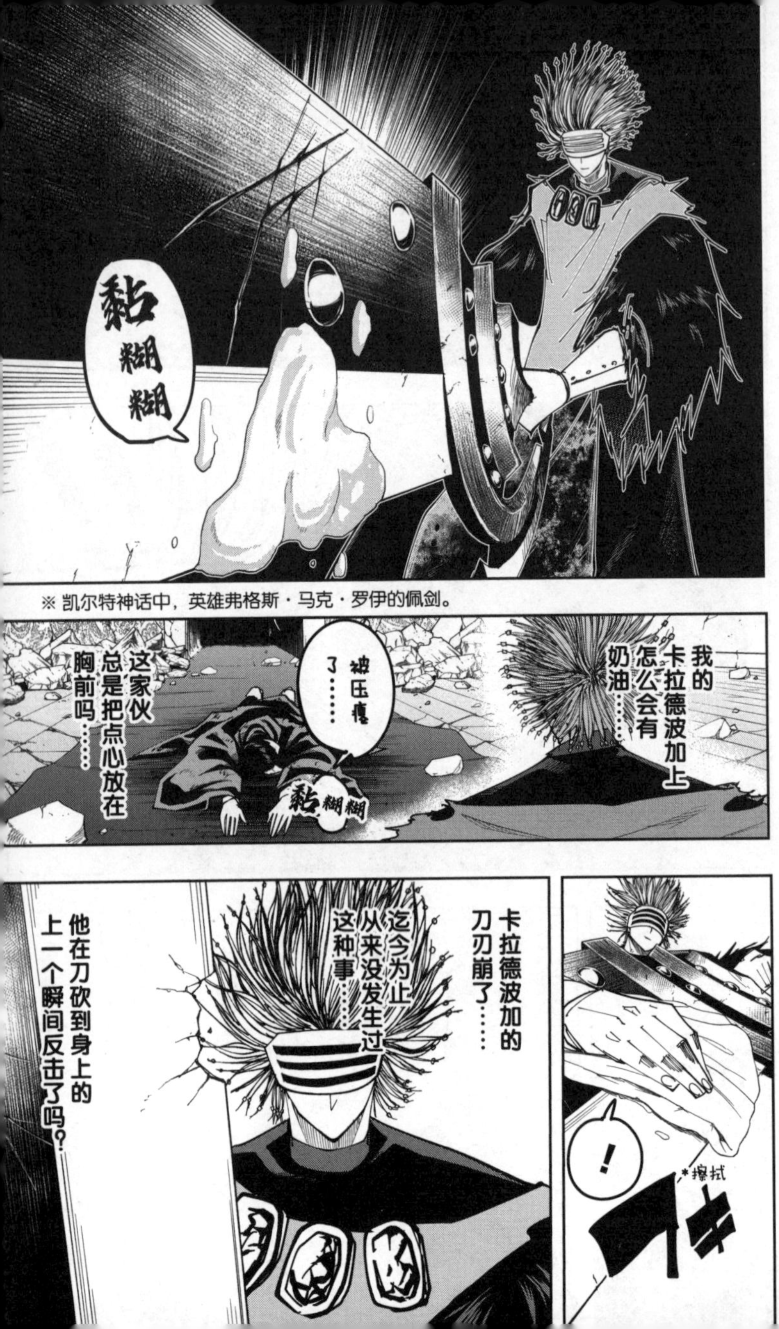

※ 凯尔特神话中，英雄弗格斯·马克·罗伊的佩剑。

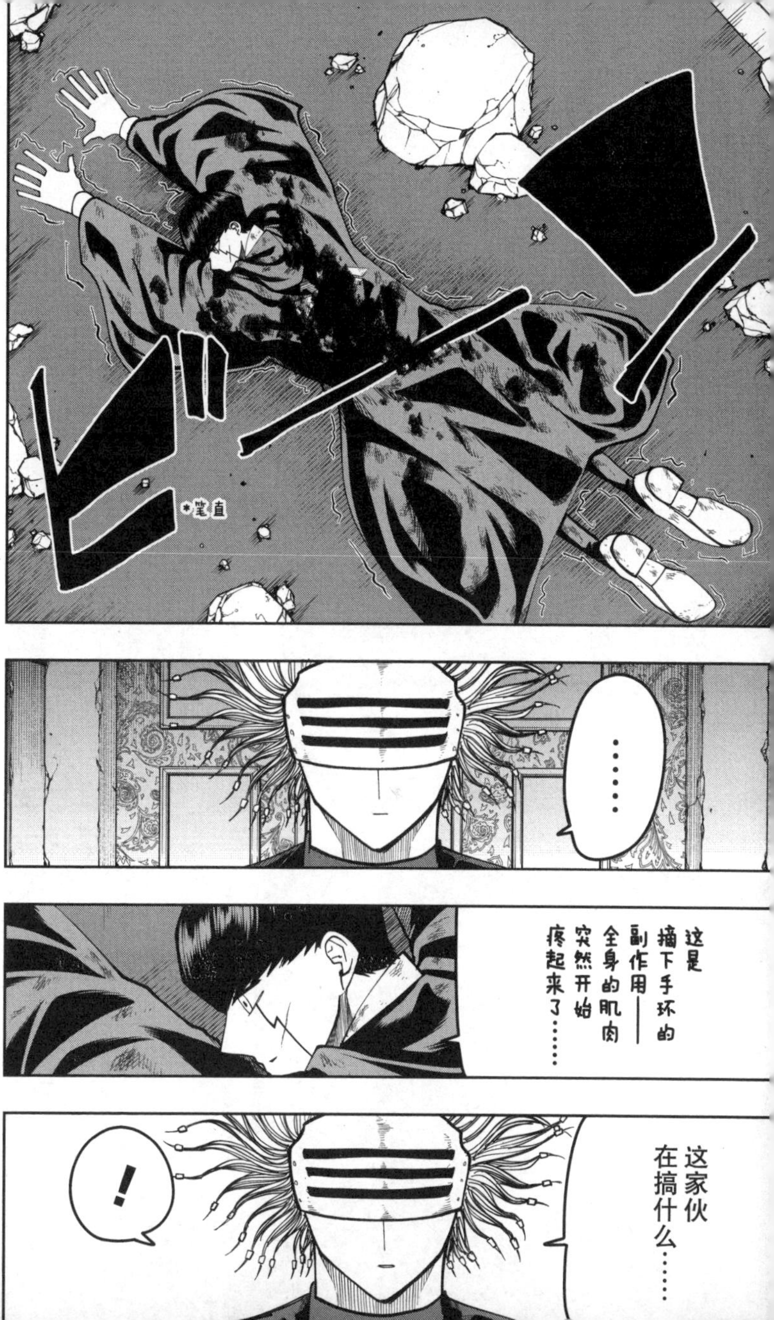
*笔直
……
这是摘下手环的副作用——全身的肌肉突然开始疼起来了……
这家伙在搞什么……
！

居然被逼得用魔法……
第101话 马修·班迪德与黑暗岩浆
不过这下你应该也看清了现实，
虽然身体能力能追上我，但也无法弥补魔法上的差距。
也就是说，
你永远也赢不了我……
！
グググ。。。

目录

雷蒙·欧文

在插班考试时为马修所救，因此喜欢马修。

达特·巴雷特

为人耿直，很吵。因为不受女生欢迎而嫉妒帅哥。

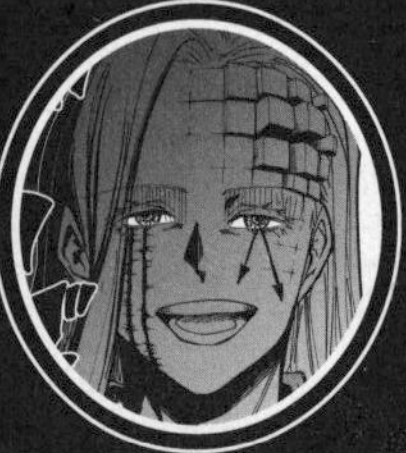

“纯粹的根源”

活跃在地下的暗魔法组织的首领。使用时间魔法。

沃尔伯格校长

魔法学校的校长。认同马修，对他充满期待。

杜姆

“纯粹的根源”5 个儿子中的长子。拥有最强的力量。

多米纳·布罗利夫

“纯粹的根源”之子，一直渴望得到父亲的认可。

前情提要

这里是人人会用魔法、魔法的优劣决定一切的魔法界。每天锻炼肌肉的勇猛少年——马修身上隐藏着一个秘密，那就是完全不会使用魔法。在魔法界，不会使用魔法的人会被消灭。马修为了重新过上平静的日子，决定进入魔法学校拿到“神觉者”称号‼凭借着异于常人的肌肉，马修处处凌驾于魔法之上，终于站在了“神觉者”候补选拔考试的考场上‼伊斯顿与瓦尔吉斯两校相争，“神觉者”最终考试终于开幕‼激战之后，马修与“纯粹的根源”之子多米纳展开最终决战。多米纳怀着渴求父亲认可的扭曲欲望，痛恨友情与家庭的羁绊，爆发出对马修的熊熊怒火，发动如同神力的终极魔法‼马修陷入苦战，摘掉了养父送给他的负重手环，第一次发挥出全部实力，碾轧多米纳‼拳头对拳头，马修的温暖触动了多米纳的心……就在众人以为大功告成之时，“纯粹的根源”与长子杜姆突然闯入‼面对杜姆霸道的威力，连解放了全部实力的马修也束手无策……

人物简介

马修·班迪德

不会使用魔法的稀有少年。用千锤百炼的肌肉粉碎所有魔法。缺乏常识，经常把事情搞砸。对家人和朋友很好，是个老实的乖孩子。最喜欢吃奶油泡芙。进门的时候分不清该推还是拉。

兰斯·库朗

插班考试第一名。有实力的帅哥。溺爱妹妹，十足的妹控。

芬·埃姆斯

马修的室友。负责吐槽。是马修的第一个朋友。

物理魔法使马修

MASHLE

[日] 甲本 一 绘著

HAJIME KOMOTO

12

马修·班迪德
与他的 5 个兄弟

CNS PUBLISHING & MEDIA
湖南文艺出版社
HUNAN LITERATURE AND ART PUBLISHING HOUSE
博集天卷 CS-BOOKY

甲本一